당신을
변화시키는

1일$_日$1독$_讀$

당신을 변화시키는 1일_日 1독_讀

초판 1쇄 발행 | 2016년 11월 14일
초판 3쇄 발행 | 2016년 12월 20일

지은이 | 박지현
펴낸이 | 박영욱
펴낸곳 | 깊은나무

편 집 | 허현자 · 이소담
마케팅 | 최석진 · 임동건
표지 및 본문 디자인 | 서정희 · 심재원

주 소 | 서울시 마포구 서교동 468-2
이메일 | bookrose@naver.com
페이스북 | facebook.com/bookocean21
블로그 | blog.naver.com/bookocean
전 화 | 편집문의: 02-325-9173   영업문의: 02-322-6709
팩 스 | 02-3143-3964

출판신고번호 | 제313-2007-000197호

ISBN 978-89-98822-29-3 (13300)

이 도서의 국립중앙도서관 출판예정도서목록(CIP)은 서지정보유통지원시스템
홈페이지(http://seoji.nl.go.kr)와 국가자료공동목록시스템
(http://www.nl.go.kr/kolisnet)에서 이용하실 수 있습니다.
(CIP제어번호: CIP2016024548)

*이 책은 깊은나무가 저작권자와의 계약에 따라 발행한 것이므로 내용의 일부 또는
 전부를 이용하려면 반드시 깊은나무의 서면 동의를 받아야 합니다.
*책값은 뒤표지에 있습니다.
*잘못 만들어진 책은 구입하신 서점에서 교환해 드립니다.

당신을
변화시키는

박지현 지음

1일日
1독讀

깊은나무

 서문

내가 1일 1독을 하는 이유

하루라도 책을 읽지 않으면 입안에 가시가 돋는다.

一日不讀書 口中生荊棘 _ 안중근

"택배요."
"부장님, 또 책 택배 왔어요. 책 수집하시는 거예요? 아니면 이제는 책으로 쇼핑하시는 거예요?"
"아니야. 그냥 읽고 싶은 게 많아져서 주문하다보니 그렇게 된 거야."

최근 들어 책이 매일 오니 팀장이 내게 묻는 말이다. 이 말을 듣는 순간 웃음이 나왔다. '내가 그렇게 책을 많이 시켰나? 책을 매일 읽다보니 읽을 책이 모자라서 시켰을 뿐인데, 내가 이상한가?'라는 생각이 들었다. 그러고 보니 직장에서 책을 제일 많이 읽는 사람은 원장님과 나밖에 없는 것 같다. 예전에는 원장님이 최고셨을텐데, 지금은 내가 더 많이 읽는 것 같다. 책을 보다보니 점점 책에 대한 소유욕도 생기는 것 같기도 하고, 자꾸 책이 눈에 밟힌다. 마치 쇼핑에 중독된 사람처럼 말이다. 나는 쇼핑 대신 책에 중독이 된 사람이고 '북 홀릭녀'이다.

　책을 읽는 사람이 유별나 보이는 대한민국, 여기가 내가 살고 있는 곳이다. 내가 중·고등학교를 다닐 때만 해도 한 반에 책을 읽는 친구들이 많았다. 내가 읽은 책이 재미가 있으면 친구에게 소개도 하고 같이 얘기하는 애들을 종종 발견하는 일은 어렵지 않았다. 그런데 어느 순간 책을 읽는 사람을 찾아 볼 수가 없게 되었다. 2015년 동양일보의 기사를 보면, 지난해 가구당 월평균 도서 구입비가 2003년 후 최저를 기록했다. 가구당 월평균 서적 구입비는 1만8154원으로 전년보다 2.9% 줄었다. 이는 '한 가구가 한 달에 책 한 권도 사지 않는다' 는 의미다. 한 달에 책을 한 권도 읽지 않는다는 사실이 굉장히 놀라웠다. 그리고 보니, 지하철이나 카페에서 책을 읽는 사람보다는 스마트폰을 하는 사람이 더 많다는 사실을 깨달았다. 나도 생각해보니 책을 읽는 시간보다는 스마트폰과 함께 한 시간이 더 많았다. 내가 원하는 것을 무엇이든 볼 수 있고, 들을 수 있는 만능 상자와 비슷하다. 한번 빠지면 무서운 늪과 비슷하지 않을까. 늪이라 표현한 건 빠지면 쉽게 헤어

나오기 힘든 상태나 상황을 비유적으로 이르는 말이다. 나는 어떤 계기로 스마트폰과 살짝 멀어지게 되었는데, 강의를 하기 위해서 한 권의 책이라도 더 보게 되면서부터다. 책을 읽는 내내 너무 몰입해서 마지막 책장을 덮는 순간 고개를 들었다. 오랜만에 느껴보는 가슴 벅찬 감정이었다. 또 그 감정을 느끼고 싶어서 책을 읽기 시작한 것이 나를 독서의 늪에 빠지게 했다. 독서의 늪은 나의 삶을 오히려 행복하게 해주는 시너지 역할을 해줘서 책을 계속 읽게 하는 원동력이 되었다.

독서 메신저가 되자

이 책 출판으로 한 가지 결심을 하게 되었다. 나도 누군가의 메신저가 되어보자는 생각이었다. 아직은 부족하지만 16년간 치과위생사의 길을 걸으면서 후배들에게 내가 갔던 힘든 길에서 얻은 것들을 후배들에게 나눠주고 싶었다. 그러기 위해서는 내가 나를 먼저 변화시켜야겠다는 생각을 했다. 나를 변화시키는 방법이 무엇일까 고민을 하다가 찾은 것이 독서였다. 가장 쉬운 것 같지만 실천하기 어려운 것이 독서다. 그만큼 습관화하기가 힘든 것이 독서다. 무엇이든 목표나 목

적이 있어야지 동기부여가 되어서 끝까지 할 수 있다. 목적이 없다는 것은 배가 바다 위에 둥둥 떠다니기만 하는 것과 다를 것이 없다. 하지만 목적이 있다면, 배에 모터를 단 것처럼 앞으로 질주할 수 있는 힘을 가진다. 즉 목적을 이루겠다는 마음가짐과 지치지 않는 체력이 뒷받침된다면 누구나 할 수 있다.

나는 독서를 통해서 딱 두 가지의 목표를 이루고 싶었다.

첫 번째, 나를 변화시키자. 게으른 나를 부지런하게, 부정적인 생각보다는 긍정적인 생각을 가지도록 하자. 책을 친구처럼 옆에 두고 있자. 사소하지만 이런 것들이었다. 어떻게 보면 나에게는 큰 변화를 의미한다. 책에서 배운 것들을 다 내 것으로 흡수할 수는 없겠지만. 내 것으로 만들도록 노력하자. 단 한권으로 변화되기는 힘들겠지만, 지속적으로 자극을 주자. 그 자극을 행복으로 받아들이자. 그러면 나도 변화가 될 것이다. 아니 변화할 것이다.

두 번째, 책을 통해 얻은 것을 많은 이들과 나누자다. 이는 누군가에게 좋은 책은 선물하는 것 같이 책에 대해서 이야기 해보자는 것이다. 누군가 한 사람이라도 나와 함께 책을 통해 기쁨을 나눈다면 행복

하겠다. 시작은 나 한 사람이지만, 언젠가는 많은 사람과 함께 할 수 있을 것이다. 내 주위에 독서를 시작하는 사람들이 늘어가는 기쁨을 같이 느껴보고 싶다.

얼마 전 나만의 100권 읽기 프로젝트가 마무리 되었다. 처음에 책을 읽을 때만 해도 1일 1독을 하자는 목적보다는 매일 매일 조금씩이라도 읽자는 생각이었다. 책을 하루에 한권씩 읽고 메모하고 생각하면서 내가 변화되는 것을 느낄 수 있었다. 앞으로 더 많이 변화할 것이라고 믿는다.

이제는 나도 무엇이든지 할 수 있을 것 같은 자신감도 얻었다. 내가 하고 있는 일에 관련된 책도 더 많이 읽고, 내 후배들에게 많은 것을 알려줄 수 있는 사람이 되고 싶다. 그런 사람이 될 수 있다는 생각을 가지고 1일 1독을 하고 있다. 처음에는 1일 1독을 하는 게 가능할까 싶었지만 직접 1일 1독을 해보니 가능하다는 것을 알게 되었다. 안 된다 생각하지 말고, 된다는 생각으로 한 번 시작한다면, 이미 절반은 성공한 것이다. 천 리 길도 한 걸음부터 시작한다고 한다. 그렇게 한 걸음씩 앞으로 나아간다면 어느 순간 나도 모르게 특별한 결과를 만들게 될 것이다. 책은 특별한 사람만이 읽는 것이 아니라 책이 사람을 특별하게 만든다. 이왕 한번 사는 인생, 평범한 사람이기보다는 특별한 사람으로 살아보는 것은 어떨까? 왠지 신나는 인생이 될 것 같은 예감이 든다. 나는 오늘도 하루의 시작을 책 한 권으로 가볍게 시작하고, 마무리 해보려 한다.

북큐레이터 박지현

차례

서문 • 4

나는 1일 1독, 이렇게 성공했다

01 힘들 때마다 내 곁에 책이 있었다 • 16
02 나는 보여주기 위한 독서는 하지 않는다 • 21
03 당신 월급의 10%는 책에 투자하라 • 27
04 독서하기 적당한 때란 없다 • 33
05 바쁠 때 읽는 책이 더 달콤하다 • 40
06 책을 만나는 순간 행복에 빠진다 • 45
07 독서를 통해 날마다 새롭게 시작한다 • 51

누구나 할 수 있는 1일 1독 습관

01 1일 1독, 습관의 힘이다 • 60

02 하루 세 번, 독서비타민을 맞자 • 67

03 기적을 바란다면 독서방법을 바꿔보자 • 73

04 하루를 독서로 시작하라 • 79

05 혼자 있는 시간, 독서타임이다 • 86

06 8-8-8 법칙을 활용하라 • 93

07 지칠 때까지 읽지 마라 • 100

08 목차에서 눈이 가는 챕터부터 읽어라 • 107

1일 1독, 독서 활용의 기술 7

01 나만의 독서노트와 파란 펜으로 메모하고 체크하라 • 116

02 스타벅스를 당신의 독서공간으로 만들어라 • 123

03 블로그에 책에 대한 서평을 남겨보라 • 129

04 책을 독서노트로 활용하라 • 136

05 e북을 활용하라 • 142

06 책 속의 아이디어를 활용하라 • 149

07 나는 책 한 권을 10번 이상 읽는다 • 155

1일 1독,
똑똑하게 골라읽어라

01 느낌이 다른 책부터 읽어라 • 164

02 인생 역전에 성공한 그들의 비밀 • 169

03 어떤 목적을 위해 책을 읽을 것인가 • 175

04 책 표지와 추천사에 현혹되지 마라 • 182

05 생각을 하게 하는 책을 읽어라 • 188

06 저자가 추천하는 책을 읽어라 • 193

07 책 속에 소개된 책을 읽어라 • 199

08 문제에 답을 줄 책을 읽어라 • 205

1일 1독으로 라이프스타일을 바꿔라

01 한 번뿐인 오늘을 후회없이 살자 • 212

02 독서의 깊이가 인생의 차이를 만든다 • 218

03 오늘 당장 독서 프로젝트를 시작하라 • 225

04 책을 읽는 사람은 실패하지 않는다 • 232

05 함께 책 읽고 싶은 사람과 어울려라 • 237

06 일에 인생을 바치고 싶지 않다면 책 읽는 사람이 되라 • 242

07 더 많이 읽은 사람이 더 크게 성공한다 • 248

08 독서를 미루면 인생마저 미루게 된다 • 255

나를 변화시키자. 게으른 나를 부지런하게, 부정적인 생각보다는 긍정적인 생각을 가지도록 하자. 책을 친구처럼 옆에 두고 있자. 사소하지만 이런 것들이었다. 어떻게 보면 나에게는 큰 변화를 의미한다. 책에서 배운 것들을 다 내 것으로 흡수할 수는 없겠지만 내 것으로 만들도록 노력하자.

Part 1

나는 1일 1독, 이렇게 성공했다

01

힘들 때마다
내 곁에 책이 있었다

내가 우울한 생각의 공격을 받을 때 내 책에 달려가는 일처럼 도움이 되는 것은 없다. 책은 나를 빨아들이고 마음의 먹구름을 지워준다.
– 미셸 드 몽테뉴

누구나 세상에 나만큼

힘든 사람은 없다고 생각한다

나는 일, 환경, 인간관계들이 힘들어 하루하루 지쳐가고 있었다. 당시 나는 나만큼 불행한 사람은 없다고 생각했다. 부정적인 생각은 계속 돌고 돌아 결국 일과 인간관계의 모든 면에 악영향을 끼쳤다. 마치 끝이 보이지 않는 어두운 터널을 걸어가고 있는 것처럼 막막하고 답답했다. 병원 입구에만 가도 가슴이 덜컥 내려앉고 눈물이 주르륵 흐르는 지경이 되었다. 나는 누구보다도 강한 사람이라고 생각하며 살아왔었다. 하지만 당시의 나는 살짝 건드리기만 해도 바로 쓰러질 것처럼 불안하고 날카로웠다. 한없이 약했다.

그때부터였다.

나는 쉬는 날이면 무작정 피곤한 몸을 이끌고 '살기 위해' 억척스럽게 서점을 찾았다. 그렇게 서점에 가서 어디든 무턱대고 앉아서 읽었던 책들이 따뜻한 위로가 되었다. 절망적인 현실에서도 희망을 잃지 않은 주인공들의 마지막 모습은 나를 다시 일으켜 세우는 힘이 되었다.

나는 살면서 많은 시련들을 겪었다. 첫 번째 시련의 시기는 고3 때가 아닐까 싶다. 내가 고3이었던 1997년 우리나라에는 IMF사태가 발생했다. 회사들이 무너지고, 대량해고 사태로 사회적으로도 분위기가 무거웠다. 나는 4년제 대학을 지원했지만 다 떨어지고 좌절에 빠져 있었다. 사실 수도권은 아니더라도 지방대 정도는 갈 수 있지 않을까라는 생각을 했었다. 나는 대학을 못가면 이제 뭘 하면서 살아야 하나, 내가 과연 할 수 있는 일이 있기나 한 것인지 하는 부정적인 생각에 휩싸여 있었다. 그때 낙심하고 있는 시간이라도 잊어보려고 시작한 것이 독서였다. 책이라도 읽고 있으면 지금 내 상황을 잊을 수가 있었다. 주로 단편보다는 장편 위주로 책들을 보기 시작했고, 책을 읽기 시작하자 나도 모르게 빠져들었다. 그 당시에 읽었던 책은 《삼국지》, 《태백산맥》, 《토지》 등 장편이었다. 책 자체가 한 권으로 끝나는 책이 아니다보니 하루에 한 권씩만 봐도 열흘이라는 시간을 보낼 수 있었다. 나중에 한번 더 이 책들을 보게 되었지만, 생각보다 몰입이 되지 않아서 힘들었는데, 아마도 그때처럼 절박한 심정이 아니었기 때문일지도 모른다. 언제나 내 곁을 지켜주며, 나를 지켜주었던 책이 있었기에 그 힘든 시절을 보낼 수가 있었다.

힘들 때마다
내 곁에 책이 있었다

가난한 흑인 미혼모의 딸에서 하포 그룹의 회장이 된 사람은 오프라 윈프리다. 이 사람은 말하지 않아도 많은 사람들이 알고 있는 굉장히 대단한 사람이다. 오프라 윈프리에게도 힘든 시절이 있었다. 그 힘든 시절을 견딜 수 있었던 건 책이 곁에 있었기 때문이다.

오프라 윈프리에 관한 책은 여러 권이 있지만, 자넷 로우의 《신화가 된 여자 오프라 윈프리》를 보면, 오프라는 세 살 때부터 글을 읽을 수 있었다. 그 이후로 책은 그녀에게 있어 떨어질 수 없는 친구와도 같았다. 미시시피 시골 구석의 농장 너머에 그녀가 정복해야 할 거대한 세상이 존재하고 있음을 알려준 것도 바로 책이었다. 교육에 대한 신념과 마찬가지로 책에 대한 오프라의 애정은 각별했다. 책은 그녀로 하여금 인생은 많은 가능성이 있음을 깨닫게 해주었고, 그녀가 이루고 싶어하는 것을 이미 이룬 사람들의 이야기를 통해 꿈을 키우도록 해주었다. 어린 시절부터 시작된 책에 대한 애정은 어머니와 함께 밀워키에 살면서 겪었던 많은 어려움에도 불구하고 조금도 변치 않았다. 오프라의 어머니는 책을 읽지 않았을 뿐 아니라 딸이 책을 읽는 것조차도 싫어했다.

오프라가 아홉 살이 되던 해의 일이었다. 오프라가 현관에서 책을 읽고 있을 때 어머니가 문을 획 열더니 그녀의 손에서 책을 잡아채고는 소리질렀다.

"이 책버러지야, 나가버려! 넌 다른 애들보다 네가 퍽 잘났다고 생각하는 모양이지!"

어린 시절 그녀는 항상 책을 읽고 싶어했기 때문에 마치 뭔가 잘못된 애처럼 취급받았다. 하지만 그런 환경에서도 열심히 도서관을 드나들었다. '그녀는 도서관 카드를 갖는 것을 마치 미국 시민권을 얻은 것처럼 생각했다.'라고 적고 있다. 오프라에게는 책을 읽는 것조차 싫어하는 어머니가 있었지만, 나에게는 책을 읽으라고 권유해 주신 어머니가 계셨다. 집안 사정이 어려운 상황에서도

전집을 사주셨는데, 그 책을 통해서 우리나라 해외의 위인들을 보며 꿈을 키웠던 생각이 난다. 그 시절에는 책을 볼 수 있는 도서관도 가까이 있지 않았고, 사실 도서관이라는 곳이 있다는 것도 몰랐다. 그런 시대에 집에서 그 전집을 2~3번 이상 재미있게 읽었던 행복한 추억이 있다. 집안이 어려웠음에도 내가 밝게 클 수 있었던 것은 어머니의 남다른 책에 대한 사랑이 있었기에 가능했던 게 아닌가 싶다.

사람들은 힘든 상황이 자신에게 닥쳐오면 그 상황에 맞서기보다는 피하는 경우가 더 많을 것이다. 나 역시도 그런 사람 중 하나였다. 이때 옆에서 누군가 힘이 되어 줄 사람이 많다면 좋겠지만, 그렇지 않다면 책 한 권이야말로 내 옆을 지켜 줄 든든한 지원군이 아닐까 싶다. 힘들다 말하기 전에 내 옆에 책이 있는지 먼저 살펴보고, 없다면 지금 당장 서점으로 가서 성공한 사람들의 책을 읽고 힘을 내보라고 얘기해 주고 싶다. 그 사람들도 시련을 극복했는데, 나라고 못할 것이 무엇이겠는가. 당신도 충분히 극복할 수 있을 것이라고 믿는다.

지금 내 옆에 무엇이 있는지 한번 더 생각해보는 것은 어떨까.

02
나는 보여주기 위한 독서는 하지 않는다

내가 책을 읽을 때 눈으로만 읽는 것 같지만 가끔씩 나에게 의미가 있는 대목, 어쩌면 한 구절만이라도 우연히 발견하면 책은 나의 일부가 된다.
― 서머셋 모옴

다른 사람의 시선을
신경 쓰지 않기로 했다

'누군가에게 보여지는 모습에 신경 쓰는가, 아니면 신경을 쓰지 않는가' 라는 물음에 우리는 어떻게 대답을 할까.

우리는 사람이기에 신경이 쓰이겠지만, 목숨을 걸 정도는 아니니 신경을 쓰지 말라고 하고 싶다. 나 또한 한때는 나를 평가하는 말에 굉장히 신경 쓰고, 그것 때문에 스트레스를 받기도 했다. 간혹 지나가는 말로 들리는 얘기에도 상처를 받고는 했었다. 내 마음에 난 상처는 쉽게 회복되지 않았지만, 점차 담담해지게 되었다. 그때 역시 그 시간을 견딜 수 있었던 것은 책이 있었기 때문이다. 상처받는 내 마음을 달래주는 것은 책이었다. 그때는 다른 생각을 하고 싶지 않았다. 나는 무라카미 하루키의 《색채가 없는 다자키 쓰쿠루와 그가 순례를 떠난 해》를 읽으면서 스스로에게 치유할 수 있는 시간을 주었다.

그 일이 일어난 것은 대학교 2학년 여름방학이었다. 그리고 그 여름을 경계로 다자키 쓰쿠루의 인생은 이전과는 완전히 달라지고 말았다.

스무 살 다자키 쓰쿠루는 가장 친한 네 명의 친구들로부터 갑작스럽게 절교 당한다. 이유도 알지 못한 채. 따라서 변명도 할 수 없었다. 완벽한 공동체에서 단절되는 절망을 겪은 다자키 쓰쿠루는 7월부터 다음 해 1월에 걸쳐 거의 죽음만을 생각하며 살아간다. 혼자서 밤바다 속에 떠밀린 것만 같은 고독하고 가혹한 시간을 견뎌 낸 뒤, 그는 전과 완전히 다른 사람으로 변해 버린다.

서른여섯 살, 다자키 쓰쿠루는 철도회사에서 역을 설계한다. 역을 만든다는 행위는 그에게 세상과의 연결을 뜻한다. 과거의 상실을 덮어두고 묵묵히 살아가는 그에게 어느 날, 뜻하지 않은 사랑이 찾아온다. 그의 마음을 온통 사로잡은 두 살 연상의 여행사 직원 기모토 사라는 고등학교 시절, 다자키 쓰쿠루가 속한 완벽한 공동체와 그 결말에 대해 듣고 '잃어버린 것'을 찾기 위한 순례의 여정을 제안한다.

그리고 자신의 '색채'와 한순간 속했던 '완전함'을 기억하기 위한 여행의 시작은 언제나처럼 사람들로 붐비는 역에서 시작된다.

책을 읽으면서 나는 전혀 상처받을 필요가 없다는 것을 깨닫게 되면서 많은 것들을 내려놓았다. 그러고 나니 다른 것들을 보는 시선도 달라졌다. 무엇이든지 똑같은 상황에서 내 마음을 바꾸자 다르게 느껴졌다.

책을 읽는 동안 다자키 쓰쿠루가 마치 나인 것처럼 생각하며 무슨 일이 생겨서 그랬을까, 왜 그랬을까 하는 의문이 들었다. 나는 다른 사람에게 받은 상처를 그 책에서 위로받았다. 그 위로가 나에겐 큰 힘이 되었고, 어차피 이렇게 된 거 그냥 내 길을 가야겠다고 생각하게 해주었다.

나는 보여주기 위한
독서를 하지 않기로 했다

휴일에 쇼핑을 위해 백화점에 가면 원하는 층에 가는 길에 1층의 디스플레이 해놓은 것을 보게 된다. 일정한 주기로 디스플레이가 바뀌는데, 어느 날 맘에 드는 옷을 보게 되어 매장에 가서 입어 보게 되었다. 그 옷을 입고 나가면 아는 사람들이 잘 어울린다, 어디서 샀냐고 물어볼 것 같은 상상을 하면서 매장으로 찾아갔다. 막상 내가 입어보니 디자인도 나랑은 어울리지 않고, 불편한 부분이 있어서 아쉽지만 발길을 돌려야 했다. 그것으로 나의 행복한 즐거운 상상은 끝이 났는데, 역시 옷은 눈으로 보는 것과 입어보는 것에 차이가 있었다.

책도 마찬가지다. 읽지 않은 책에 대해서 그 누구도 판단할 수 없다. 그 사람이 읽는 책을 보고 사람을 판단할 수도 없다. 책이 중요한 것이 아니라 읽고 나를 변화시키는 것이 책을 읽는 가장 중요한 이유이기 때문이다.

'뱁새가 황새를 쫓아가다 다리가 찢어진다'는 말이 있다. 자기의 분수에 맞게 살라는 속담인데, 남들이 읽으니 따라서 읽지 말라는 뜻이다.

지금은 인문학 시대라고 할 만큼 인문학 열풍이 드세다. 서점에 가면 인문학에 관련된 다양한 책들이 나와 있지만 책을 고르는데는 고민을 많이 하게 된다.

이지성 작가의 《리딩으로 리드하라》를 보자.

> 인문고전 독서는 두뇌에 특별한 기쁨을 가져다 준다. 물론 처음에는 고되다. 이루 말할 수 없이 힘들고 어렵다. 단어 하나, 문장 하나를 이해하지 못해 진도가 일주일 또는 한 달씩 늦어지는 경우가 다반사다. 하지만 어느 지점을 넘기면 고통은 기쁨으로 변한다. 인류의 역사를 만들어 온 천재들이 쓴 문장 뒤에 숨은 이치를 깨닫는 순간 두뇌는 지적 쾌감의 정점을 경험하고, 그 맛에 중독된다. 그리고 서서히 변화하기 시작한다. 뻔한 꿈밖에 꿀 줄 모르고, 평범한 생각밖에 할 줄 모르던 두뇌가 인문고전 저자들처럼 혁명적으로 꿈꾸고, 천재적으로 사고하는 두뇌로 바뀌기 시작한다.

왜 내가 그동안 인문학을 피해왔는지 알 수 있는 대목이었다. 나는 평소 인문학은 막연히 어렵다는 편견과 생각을 가졌던 것이다. 이 책을 계기로 나는 인문학에 도전해서 하루에 한 장이라도 읽어 보기로 했다.

나는 독서록을 쓰지만 블로그에 서평을 올리지는 않는다. 아직은 내가 독서력이 부족한 느낌이 들어서 좀 더 자신있게 말할 수 있을 때 인문학에 대해서 이야기하고 싶다.

나는 매일 책을 읽고 블로그에 글을 남기고 있지만, 항상 베스트셀러만 읽는 것은 아니다. 베스트셀러만이 좋은 책이라고 말 할 수 없기 때문이다. 과거에 나왔지만, 사장된 책들이 많다. 그런 책들을 찾아서 읽어보는 것도 좋은 방법인 것 같다. 유명한 베스트셀러를 읽으면서 누군가에게 보여주기 위한 독서보다는 나를 위해서 책을 읽어보는 것은 어떨까? 지금도 지나가고 있는 시간에 나의 내면을 단단히 하기 위한 책을 찾고, 읽어보자.

03

당신 월급의
10%는 책에 투자하라

가장 유능한 사람은 배우기에 가장 힘쓰는 사람이다.
– 괴테, 독일의 문학가, 정치가

당신은
샐러던트인가요

최근 직장인들 사이에는 샐러던트(saladent)라는 신조어가 유행을 넘어 생존의 필수처럼 여겨지고 있다. 샐러던트란 공부하는 직장인이란 의미로 봉급자를 의미하는 'salary man'과 학생을 의미하는 'student'의 합성어이다. 직장을 다녀도 현재의 내가 불안하기 때문에 계속적으로 공부하는 것이다. 내 경우만 봐도 대학을 졸업하고 직장을 다니면 공부는 안 해도 되는 줄 알았는데 다녀보니 공부를 학교 때보다 더 많이 했던 것 같다.

2014년 3월 12일 아주경제 신문을 보면, 직장인 10명 중 4명은 샐러던트라고 한다. 공부를 하는 목적에 대해서는 전체 대답 중 28.5%가 '자기계발을 위해서'로 가장 많았으며, '이직을 위해'(24.1%)가 바로 뒤를 이었고, '업무상 필요해서'(17.7%), '미래에 대한 불안감 때문에'(13.6%), '인맥을 넓히기 위해'(6.7%), '승진을 위해'(4.9%), '유학·창업을 위해'(3.8%)의 순이었다.

나 또한 샐러던트 중 한 사람인데 업무에 필요한 보험청구에 관하여 치과건강보험에 대해 공부하게 되었다. 치과건강보험을 간단히 설명을 하자면, 우리는 국민건강보험에 의무적으로 가입하게 되는데 병원을 이용할 때 보험공단에서 총 진료비 중 70%를 부담해 주고, 30%는 본인이 부담하고 있다. 이때 병원에서 공단에 청구해야 하는 부분을 알기 위해 치과건강보험을 공부하게 된 것이다. 학교 때 공부한 거 빼고는 해본 적이 없었는데, 실제로 보험청구에 대해 배우고 청구해 보니 너무 재미있어 신나게 공부를 했다. 그 공부를 통해 나는 치과보험청구사 3급을 시작으로 2급, 1급까지 취득했고, 치과보험청구사 강사까지 할 수 있는 길을 만들었다. 처음에 시작할 때는 단순히 업무를 처리하기 위해서 시작했지만, 지금은 나에게 새로운 길을 만들어준 계기가 되었다. 비록 필요에 의한 시작이었지만, 또 다른 길을 걷게 해준 계기를 공부가 만들어 준 것이다.

나를 생각하는 책을 만나다

내가 읽은 책 중에는 나에게 새로운 마음가짐을 갖게 해주는 책들이 많았지만, 내 인생에 영향을 끼친 책들이 많다. 그 중의 한 권이 리처드 버처드의 《메신저가 되라》이다. 거기에 3가지 질문이 나온다.

나는 충분히 만족스러운 인생을 살았는가?
열린 마음으로 다른 이들을 사랑했는가?
스스로 가치있는 존재라고 느끼는가?

이 질문에 대해 혼자서 곰곰이 생각을 해보면서 답변을 적어보았다. 나는 충분히 만족스러운 인생을 살았는가에 대한 질문에는 치과위생사로서 살면서 남들보다 더 치열하게 살았고, 아이들도 탈 없이 잘 크고 있고, 남편과 서로를 존중하면서 살고 있기에 100% 만족은 아니더라도 70% 정도는 만족할 만큼 열심히 살았다는 생각을 했다.

열린 마음으로 다른 이들을 사랑했는가라는 질문에는 50% 정도라는 생각이 든다. 나는 사람들을 만나면서 내 모습을 100% 보여주지 않는다. 예전에 같이 일하던 직원에게 마음도 보여주고 서로 통한다고 생각했었는데, 나만의 착각이었다라는 사실을 알고 상처를 받아 마음을 닫아버렸다. 아직까지 그 상처가 다 아물지는 않아서 마음의 문을 닫고 있는 편이라 사람들과 친해지려면 시간이 좀 걸리는 편이다. 그러다 보니 아직 100%는 아닌 것 같다는 생각을 했다. 강사를 하면서 예전에 비해 많이 마음을 열고 다른 사람들을 이해하려고 노력하기 때문에 언젠가는 100%가 되지 않을까 하는 생각을 해본다.

마지막 질문, 스스로 가치 있는 존재라고 느끼는가라는 것은 자존감과도 연관이 있을지 모르겠다는 생각이 들어서 다른 질문에 비해서 생각하는 데 시간이 좀 걸렸다.

곰곰이 생각해 보니 한 2~3년 전이라면 이 질문에 '아니요'라고 대답했을 것이다. 하지만 지금은 '네'라고 대답을 할 수 있을 거 같다. 왜냐하면 지금의 나를 사랑하기 때문이다. 이 세상 누구보다 나는 나를 열렬히 사랑한다고 자신있게 대답할 수 있기 때문이다. 내 자존감이 바닥에 떨어져 있을 때 책을 통해서 나를 사랑하는 법을 배웠고, 나를 사랑한다라고 스스로에게 주문을 걸라는 것을 배웠다. 그 과정을 통해 지금은 스스로 자존감을 높였다고 생각하고 있다. 아마 책이 아니었다면 지금도 비슷한 생활을 하고 있지 않을까 하는 추측을 해보기도 한다.

책이란 '마음의 양식'이라는 구태의연한 표현보다는 나를 성장시켜주는 힘, 에너지라고 생각한다. 매일 한 권씩 읽는 1일 1독을 통해서 많은 생각을 하게 되었다. 어떤 시련도 극복할 수 있는 마음가짐을 얻게 되었고, 결심에만 그치지 않고 행동으로 옮기기도 했다.

그 단계를 하나하나씩 올라가면서 나는 '하고 싶다'는 생각으로 시작해서 '했다'로 마침표를 찍을 수 있었다. 그렇기 때문에 주위 사람들에게 책 읽기를 추천해 준다. 어떤 책이라도 나에게 쓸모없는 책은 없다라는 것을 알려주고 싶기 때문이다.

책에 투자하는 것을 아까워하지 마라

지금 샐러던트로 살아가는 직장인들에게 그 어떤 자기계발 방법 중에도 제일 좋은 것은 책 읽기라고 얘기해주고 싶다. 책을 통해 나를 변화시키는 방법이 제일 좋다고 얘기해주고 싶은데, 혹자는 그 방법이 아니라고 말하는 사람도 있을지 모르겠다. 그런 사람들에게 '최근에 읽은 책이 무엇입니까?'라고 물어보고 싶다.

책을 읽지 않으면서 책이 쓸모 없다고 말하는 사람들이 있을 것이다. 책은 나에게 상상력과 재미의 동기부여를 준다. 그러기에 스마트폰으로 소비되는 정보보다는 책으로 나의 내면에 하나하나 벽돌을 쌓아서 집을 짓는 게 더 낫지 않을까? 그렇게 벽돌로 쌓은 집은 어떤 시련이 와도 쓰러지지 않을 것이다.

그렇게 단단해지는 나를 느껴봤으면 좋겠다. 책을 읽으려면 책을 빌리거나 책을 사야 한다. 나도 책을 빌려보기도 했고, 사기도 했지만, 빌리는 책은 읽는 그때뿐이라는 생각이 든다. 소유를 한 책은 없어지지 않고 항상 내 주변에 위치해 있기 때문에 언제든지 보고 싶을 때 볼 수 있는 장점이 있다. 비용을 지불했기에 책에서 더 많은 것을 얻어야겠다는 생각이 들기도 한다. 무엇이든지 공짜인 것은 집중해서 하기 힘들다. 비용을 지불하지 않으면 아깝다는 생각을 하지 않게 된다. 책에 투자하는 비용이 아깝지 않게 되면, 책에서 어떤 것이든 내 것으로 만들 수 있을 것이다. 당장 내 월급의 10%를 투자하기가 어렵다면 한 권이라도 사 보자. 한 권을 시작으로 두 권 세 권으로 만들면 되는 것이다. 그럼, 시작할 준비가 되었다면 서점으로 가서 가장 맘에 드는 책 한 권을 사서 읽어 보자.

04
독서하기 적당한 때란 없다

> 성공의 8할은 일단 출석하는 것이다.
> – 우디 알렌

적당한 때란 언제인가

어른들이 하시는 말씀 중에 '모든 것에는 적당한 때가 있다'라는 말이 있다. 무엇인가를 할 때는 그 시기가 나와 맞아야 한다는 것이다. 그 시기에 대해 예를 들자면, 내가 가장 좋아하는 과일은 복숭아인데 나뭇가지에 매달려 있다고 다 먹을 수 있는 것이 아니다. 복숭아가 익어 맛있는 향기가 나기 시작해야 먹을 수 있는데, 이 시기가 지나버리면 복숭아는 물러지게 되어 먹을 수 있는 때가 지나가 버린다. 복숭아는 맛있는 향기가 나기 시작할 때가 가장 적기라고 할 수 있다.

뫼비우스의 띠는 몇 가지 흥미로운 성질을 가지고 있는데, 어느 지점에서나 띠의 중심을 따라 이동하면 출발한 곳과 정반대 면에 도달할 수 있고, 계속 나아가 두 바퀴를 돌면 처음 위치로 돌아온다는 점이다.

〈출처 네이버〉

나는 무엇이든지 시작을 하면 끝을 향해서 달려가곤 한다. 마치 뫼비우스 띠처럼 시작을 했지만, 제자리로 돌아온다면 누가 시작하고 싶을까? 독서를 하다보면 이렇게 의문을 가지는 경우가 생기게 된다. 가까운 지인 중 K는 자기계발서를 보면서, 마음으로는 실천을 해야 한다고 생각하지만 실제로는 며칠 하다가 그만두게 되어서 항상 제자리 걸음을 하는 것 같다고 하소연을 한 적이 있다. 누구나 시작은 하지만 끝을 맺는 것은 아니다. 누군가는 중도에 포기를 하는 경우도 있을 것이다. 중도에 포기를 하더라도 계속 도전해야 한다. 우리는 실패를 통해서 배우는 점들이 분명히 있기 때문이다. 한번 실패했다고 도전하지 않는 것은 안 하는 것보다 더 안타까운 일이다.

얼마 전 의료계의 수퍼스탭을 뽑는 '수퍼스탭 7'에 도전했다. 작년에 도전을 했지만, 본선에 오르는 것은 실패했었다. 나는 본선 실패에 실망하지 않고 대회가 열리는 장소에 가서 다른 강연자들은 어떠한 주제로 강연을 하는지 주의 깊게 듣고, 나라면 어떠한 강연을 할 것인지에 대해 고민해보는 시간을 가졌다. 작년에 떨어졌지만, 다행히 올해는 본선에 오르게 되었고, 책을 통해 변화한 나를 시작으로 지금까지의 삶에 대해 15분간 강연을 하게 되었다. 비록 대상을 받지는 못했지만, 본선에 올라 강연하는 멋진 기회를 가진 것과 우수상을 타게 되어서 감사한 시간이었다. 만약에, 내가 작년에 떨어졌다고 올해 또 도전할 생각을 가지지 않았다면 아마 그 자리에 있지 못했을 것이다. 나는 슈퍼스탭이 되기 위해 작년보다는 올해를 더 기다렸던 것 같다.

책을 읽을 시간이 없어서 읽지 못한다는 사람들이 있다. 시간은 언제나 나를 기다려 주지 않는다. 책을 읽기 위해서는 시간을 투자해야 한다. 내가 틈틈이 시간을 만들어 나가야 하는 것이다. 시간이 날 때마다 조금씩 책을 읽는 것으로부터 시작해 보자.

독서도 타이밍이다

　책은 항상 나에게 도움을 줄 준비를 하고 있기에 나의 상황에 따라서 내용을 받아들이는 것이 달라진다. 내가 처음으로 상담 강의를 준비할 때였다. 너무나도 막연한 주제를 어떻게 1시간씩 풀어나가야 할지 몰라서 선배들에게 도움을 청했다. 한 선배가 상담에 관한 책을 읽는 것도 좋지만, 제일 먼저 내가 하고 싶은 이야기에 대해 단어로 나열해보라고 했다. 내가 하고 싶은 얘기들을 종이에 쭉 나열해보며 강의의 흐름을 만들어 나갔는데, 뭐가 부족한지를 모르겠다는 생각이 들었다.

　선배에게 다시 한번 도움을 청했더니 선배는 강의하는 데 많은 도움을 될 것이라며 로버트 치알디니의 《설득의 심리학》을 선물로 주셨다. 선물을 받고 보니 예전에 읽었던 책이 아닌가. 예전에 읽었을 때는 독자의 입장에 있었기 때문에 읽고 넘어갔던 책이어서 그런지 읽었다는 기억조차 하지 못했다. 두 번째로 읽으면서는 강의에 접목시킬 수 있는 것은 무엇이 있을까 하는 고민을 가지고 보았다. 시작하면서 이것저것 상담에는 어떤 부분을 적용시킬까 끊임없이 생각을 하며 책을 읽고 고민했다. 책에는 내가 있는 치과 쪽의 얘기가 없었기에 내가 생각을 해야만 하는 책이 되었지만,

그 안에서 내가 꼭 이야기 하고 싶은 것들을 찾을 수 있었다.

강의를 준비하면서 《설득의 심리학》이라는 책을 만났기에 강의를 잘 풀어갈 수 있었다. 더불어 자신감도 얻게 되었다. 관점의 차이가 책을 읽을 때에도 차이가 난다는 것과 독서도 타이밍이 필요하다는 생각을 해 준 계기가 되었다.

독서를 하는
적당한 때를 찾아라

독서가 적당한 때는 언제일까? 묻는다면 나는 '항상'이라고 이야기를 한다. 사람들은 심경의 변화가 있을 때나 시련이 있을 때, 위로를 받고 싶을 때 독서를 시작하는 경우도 있다.

언니의 죽음으로 독서를 시작하고 책으로 치유를 받은 니나 상코비치는 《혼자 책 읽는 시간》에서 독서에 대해서 이렇게 적고 있다.

> 내게 '독서의 한 해'는 요양원에서 보낸 한 해였다. 그것은 내 삶을 채우고 있던 건강하지 못한 분노와 슬픔의 공기에서 격리되어 지낸 1년이었다. 그것은 책의 언덕에서 불어오는 치유력을 가진 미풍 속으로의 도피였다. 나의 독서의 한 해는 언니의 죽음으로 인한 감당할 수 없는 슬픔과 나를 기다리고 있는 미래

사이에 끼어든 행동 중지 기간, 나 자신을 위한 유예 기간이었다. 책으로 채워진 1년간의 집행유예 기간 동안 나는 회복했다. 그뿐만 아니라 그 회복 단계를 넘어서 다시 생활로 들어가는 방법도 배웠다.

힘든 시기에서 평범한 일상으로 돌아가기 위해서 1일 1독을 하며, 365일간 치열하게 서평을 올렸던 작가는 1일 1독을 왜 해야하는가에 대해서도 이렇게 이야기를 했다.

"하루에 한 권? 그보다는 매주 한 권이 어때?" 그가 물었다.
"아니, 하루에 한 권씩 읽을 필요가 있어."
그렇다. 자리에 가만히 앉아 읽을 필요가 있었다. 그때까지 3년 동안 이리저리 쫓아다니며 보냈다. 나와 내 가족의 삶을 행동과 움직임, 끊임없는 움직임으로 채웠다. 그러나 그 무엇으로 삶을 빽빽하게 채워도, 아무리 빨리 달리고 돌아다녀도 슬픔과 고통에서 헤어날 수는 없었다.

나도 비슷하게 보냈던 시기가 있었기에 이 말에 많은 공감을 했었다. 아무리 바쁘게 하루를 보낸다고 해도 무언가 채워지지 않는 1% 부족함이 마음에 존재했기 때문이다. 일상이 바쁘게 돌아갈수록 책을 읽어서 나의 부족함을 채워야 하는 것이 필요했기에 독서를 선택했다. 책을 읽으면서 나를 채울 수도 있었고, 단단하게 만들 수도 있었다. 아무리 많은 것을 알고 있다고 해도 항상 부족했다. 다른 사람들의 책을 읽으면서 하나씩 하나씩 나를 채워가는 과정이 필요했었다. 그렇게 하루에 한 권씩 백일 동안 읽기 시작하는 100권 프로젝트를 시작했다. 그 과정이 쉽지만은 않았지만 그것을 통해 책만 읽은 것이 아니라 나와의 약속을 지키기 위해 노력하는 나를 찾았다.

독서를 시작하기에 적당한 때라는 것은 없다. 그 시기가 오기를 기다리지 말라고 하고 싶다. 항상 책은 당신 옆에 있으니 당장 책을 집어서 읽으면 된다. 그 안에서 나를 만나고 치유할 수 있는 시간을 가져보자. 시간은 항상 흘러가서 1분 전의 오늘은 없다고 한다. 그만큼 귀한 시간을 허투루 보내지 않는 것이 중요하다는 얘기다. 때가 오기를 기다리는 사람이기보다는 때를 만나기 위해 준비하는 사람이 되어보자.

05

바쁠 때 읽는 책이
더 달콤하다

긴 하루 끝에 좋은 책이 기다리고 있다는 생각만으로
그날은 더 행복해진다. – 캐슬린 노리스

나에겐

하루 24시간도 부족해

"하루 24시간이 모자라."

"나도, 나도 그래."

"하루가 너무 짧아."

바쁘게 살아가는 현대인이라면 한 번쯤 내뱉는 말일 것이다. 나 또한 마찬가지로 하루가 너무나도 바쁘게 지나간다. 다들 내가 하는 역할을 보면, 어떻게 그렇게 지내냐고 한마디씩 하곤 한다.

나도 벅차긴 하지만 욕심이 많아 자꾸 일을 만드는 편이다.

1인 2역을 하기도 벅찬 내겐 육아는 너무 힘든 짐이었는데, 그 힘든 시기를 책으로 위로받아 더욱 성장하는 계기가 되었다. 지금은 직장인, 엄마, 아내, 대학원생, 강사, 책 쓰는 작가로 5가지의 역할을 하며 하루를 보람되게 보내고 있다.

누구나에게 24시간은 공평하게 주어지는 시간이다. 하지만 어떤 이에게는 그 시간이 의미없이 지나가겠지만, 어떤 이에겐 24시간이 금같은 시간이기도 하다. 바쁘게 지내다 보면, 하루가 언제 지나갔는지도 모를 때가 있다. 틈틈이 읽는 책은 오히려 휴식이 된다. 하루가 바쁠수록 조금씩이라도 책을 읽어야 한다. 그러면서 머리를 식혀야지 어떤 이든 머리를 24시간 쓰면서 살 수는 없지 않은가. 바쁠수록 돌아가라는 말이 있듯이, 마음이 조급해지면 잘하던 일에서도 실수가 나오기 마련이다. 한 템포 쉰다고 생각하고 책을 읽어 보자.

바쁜 사람이
더 많은 책을 읽는다

바쁜 사람일수록 더 책을 많이 읽는다는 이야기가 있다. 토머스

몰리의 《부자되는 습관》에서 성공한 사람들의 가장 일반적인 습관은 독서이며, 무려 88% 이상이 하루에 30분 이상의 독서를 즐긴다. 반면 가난한 사람들은 2%만이 독서를 즐긴다. 장거리 비행 시에 일반석 승객들은 대부분 영화를 즐기지만 비즈니스석 승객들은 일을 하거나 두툼한 책을 읽는다. 성공한 사람들은 가까운 거리에 항상 책을 둔다. 가방, 사무실 책상, 침대 옆, 자동차 등 어디에서라도 손쉽게 책을 접할 수 있다. 이렇게 성공한 사람은 허투루 시간을 보내지 않는다. 이처럼 꼭 책을 읽어야만 성공한다는 것은 아니지만, 이렇게 바쁜 일상 속에서도 언제나 책을 놓지 않는다는 것이 중요하다. 입으로만 바쁘다고 말하지 말고 지금 내 가방 안에 한 권의 책이라도 넣어보는 건 어떨까 생각해본다. 꼭 성공한 사람만이 할 수 있는 것이 독서가 아니다. 평범한 사람일수록 더욱 책을 읽어서 나를 비범하게 만들어야 한다.

한 템포
쉼의 효과

올 하반기부터 대학원을 다니게 되면서 하루가 너무 바쁘게만 지나간다. 독서도, 일도, 공부도 해야 해서 몸이 두 개라도 모자랄 지경이다. 처음에는 많은 것들을 해야 하니 이것저것 힘들다고만 생각했었다. 적응이 어느 정도 되서 마음도 편해지고, 달콤한 휴식시간도 즐길 수 있게 되었다. 어떤 이들은 나에게 워커홀릭이라고 말하기도 한다. 하지만 워커홀릭도 쉬는 시간이 필요하다. 쉬는 시간을 가짐으로써 앞으로 전진을 할 수 있는 힘을 얻게 되는 것이다. 그렇다고 매번 쉬고자 여행을 떠날 수도 없어 가까운 카페에 가서 책을 보면서 나만의 시간을 보내는 것만으로도 충분하다. 나처럼 한 템포 쉼에 대해 비슷한 생각을 한 작가가 있다.

노희영의 《쉼이 있는 짬을 사랑하며》을 보자.

나에게 짬은 단순히 무료한 삶의 틈이 아니고 소홀했던 삶을 다시 사는 여유이자 재충전의 기회다. 짬에서 찾는 쉼은 결코 나태나 포기가 아니라 진정으로 내가 여기에 있도록 돕고 이끌어준 하나님께 감사하는 마음으로 반전할 수 있는 힘이다. 사지로 몰린 삶에서 잊어버린 자신을 회복하고, 잃어버린 마음을 소생시키기 위한 회심의 시간이다. 이른바 타고 남은 재와 같이 욕심이 사그라지고 고요하여 외부 사물의 유혹을 받지 않으며 온갖 욕망, 정열, 의기가 잠잠해지는 시간이다. 때문에 나는 쉼이 있는 짬을 무던히도 기다리고 사랑한다.

바쁜 일상 속에서 옆에 책 한 권이라도 있어 그 책에서 쉼과 재충전을 찾는다면 행복할 것이다. 나에게 쉬는 시간을 줄 책을 하루에 한 권씩 읽다보면, 얼마나 행복한 삶인지 말하지 않아도 알 수 있을 것이다. 바쁜 삶에서 행복한 삶으로 한 템포 쉬어가면서 나를 조금씩 바꿔나가는 방법을 찾아보자. 나는 독서로 그 삶을 채우기 위해 오늘도 책을 들고 1일 1독을 시작한다.

06
책을 만나는 순간 행복에 빠졌다

내가 알고 싶은 것은 모두 책에 있다. 내가 읽지 않은 책을 찾아오는 사람이 바로 나의 가장 좋은 친구이다.　　　　　- 링컨, 미국의 제16대 대통령

당신은 언제
행복한가요

"당신의 인생에서 언제가 가장 행복했나요?"라고 묻는다면, 우리는 어떻게 대답을 할까?

사람마다 행복의 기준은 다르겠지만, 나는 식구들과 함께 있는 시간도 행복하지만 책을 읽을 때가 가장 행복하다라고 얘기 할 것이다. 다른 사람은 여행갈 때가 가장 행복하다고 생각할 수도 있겠다. 나도 여행을 가는 것을 대단히 좋아하는 사람 중의 한 사람

이다. 여행을 준비하는 순간부터 셀렘을 가지고 행복감에 빠지곤 한다. 이제는 여행보다는 책을 선택하는 편이긴 하지만, 서점에서 책을 보는 순간 행복감은 저절로 상승한다. 나와 같은 생각을 하는 사람을 책을 통해서 또 만날 수 있다.

정현혜는《똑똑한 여자는 가슴 뛰는 삶을 포기하지 않는다》에서 이렇게 말한다.

나에게는 취미도 독서, 놀이도 독서이다. 참 재미없는 사람이라고 생각하겠지만 책을 읽고 있을 때가 가장 행복하니 어쩔 수가 없는 노릇이다.
당신의 행복을 어디서 찾을 것인지는 당신에게 달렸다, 주위를 한번 둘러보라. 사소함에서도 행복을 찾을 수 있기 때문이다.

나는 이 세상 사람들을 독서를 하는 사람과 안 하는 사람으로 구분하고 싶다. 독서를 안 한다고 해서 행복하지 않다는 것은 아니지만, 책을 읽는다면 행복이 배가 되지 않을까하는 생각이 든다. 책 속에서 새로운 것을 하나씩 알아간다는 것 자체로도 행복하지 않은가.

나는 걸어다니는
시한폭탄이었다

한국인의 성인 행복지수는 얼마일까? 갤럽 조사에 따르면 한국의 성인 행복지수는 100점 만점에 59점이라 한다. 조사 대상 143개 나라 중 118위다. 세계 평균인 71점에 한참 못 미친다. 이른바 '국민 행복시대'를 사는 우리나라의 성인은 정작 행복하지 않은 것이다.

우리나라 성인 중 36%는 자신이 행복하지 않다고 느끼고, 우울과 불안, 분노 같은 정서적인 문제를 겪고 있다고 한다. 이로 인해 생기는 사회적 폐해도 심각하다. 자살률은 경제협력개발기구(OECD) 회원국 중 1, 2위를 다투고 있고, 우발적 살해와 보복운전 등이 늘어 나고 있다.

왜 우리는 행복하지 못하다고 느끼는 걸까? 많은 이유가 있겠지만 가장 큰 원인은 타인과 비교하기 때문이다. 남의 아이와 내 아이를 비교하고, 남의 남편과 내 남편을 비교하고, 남의 직장과 내 직장을 비교하고, 남의 얼굴과 내 얼굴을 비교하는 등 모든 것을 남과 비교한다. 남과 비교할 때 자신의 아름다움과 가치를 잃어버리게 된다. 자존감을 상실해 자신과 가족에 대해 분노하고 더 나아가 사회에 대해 분노하게 된다.

이 기사를 보면서 나의 행복점수는 얼마일까 생각해보는 계기가 되었다. 육아에 치여서 살 때를 생각해보면 행복지수는 30점도 안 되는 것 같다. 그때는 나의 자존감이 바닥으로 떨어진 때였다. 병원과 집으로만 다람쥐 쳇바퀴처럼 살았다. 하루하루 버티는 게 나의 일상이었다. 무엇하나 만족스럽지 않고 불만만 가득하던 시절이었다. 누군가 나를 건드리기만 하면 폭발할 것 같은 시한폭탄이었다. 하지만 그런 시간이 있었기에 지금의 내가 소중한 건 아닌가 싶다. 지금 나의 행복점수를 매겨본다면 80점 이상인 것 같다. 나는 책을 통해서 많은 것을 얻어서 그것을 내 것으로 만들어가는 과정에서 행복함을 느낀다. 우리가 행복하지 않은 이유는 타인과 비교하고 스스로에게 상처를 주기 때문이다. 나 또한 스스로에게도 그랬지만, 우리 아들에게도 상처를 준 것에 대해서 굉장히 미안하다고 얘기하고 싶다. 나는 늘 다른 사람들에게 이렇게 얘기하곤 했다. "전 아들에게 바라는 거 없어요. 그저 꼴등만 하지 않으면 돼요"라고 했지만 말만 그런 것이지 행동은 그러지 않았던 것 같다. 이왕이면 다른 애들보다는 좀 더 잘했으면 좋겠고, 1등이면 더 좋겠다라는 생각을 했다. 아들에게 과도한 욕심을 부렸던 것 같다. 시험결과가 나온 날 시험점수를 보고 잘했다고 생각했으나 아들 친구의 점수를 듣고는 너무 화가 났었다. 그 아이가 전 과목 백점을 맞았다는 소식을 듣고 나서는 나도 모르게 화를 내기도 했다. 아들에게 더 잘했어야 하지 않느냐고 다그치면서 다음 시험엔 전 과목 백 점을 강요하기도 했다. 이렇게 누군가와 비교를 당하는 순간 행복지수는 바닥으로 떨어지는 것인데, 그것은 생각하지 못하고 강요만 했던 시기가 있었다.

그런 시절도 있었지만, 지금은 마음을 많이 비웠다. 아들이 책을 좀 많이 읽었으면 하지만, 내가 읽으라고 책을 주는 순간 스트레스가 될 수도 있다는 생각에 아들과 서점 데이트를 통해 원하는 책을 선택하게 한다. 그게 비록 학습만화일지라도 일단 흥미를 유발하는 것이 중요하다고 생각한다. 그 과정을 통해서 다른 책을 읽을 수 있는 흥미를 느낀다면 그것만으로도 지금은 만족한다. 책이란 누가 강요한다고 읽을 수 있는 것이 아니기 때문이다. 나는 서점을 가기 전에 어떤 책을 살지 한번 고민을 하는 아들 얼굴을 보면 그것에 감사하고 나 또한 행복함을 느낀다.

서점에서 나의 운명을
만난다는 상상을

내가 좋아하는 로맨틱 영화 중에 〈노팅힐〉이라는 영화가 있다. 유명한 여배우와 서점 주인의 사랑 이야기를 다룬 영화이다. 주인공 역의 휴 그랜트는 웨스트 런던의 '노팅힐'이라는 곳에서 작은 여행서적 전문점을 운영하며 산다. 휴 그랜트는 웨스트 런던의 '노팅힐'에 사는 소심한 남자이다. 그에게는 미래에 대한 포부나 설계는 사치에 불과하다. 여느 때와 마찬가지로 무미건조한 하루를 보내고 있던 어느 날, 세계적으로 유명한 인기 영화배우 줄리아 로버츠가 그의 책방 문을 열고 들어와 책을 사고 나간다. 그는 잠깐 동안에 일어난 이 엄청난 사건에 어쩔 줄 몰라한다. 이 우연을 계기로 두 사람은 연애를 시작한다. 그리고 사소한 오해로 헤어지게 되었지만, 결국 해피앤딩으로 끝나는 영화이다. 나는 이 영화에서 사랑이 아닌 서점을 운영하는 휴 그랜트가 부럽다는 생각이 들었다. 얼마나 많은 책들이 서점에 있던가. 그 많은 책을 다 가지고 있다니, 얼마나 행복한가. 다 읽지 않더라도 소유한 것만으로도 행복할 것 같다. 만약에 내가 어릴 때 책으로 인해 행복을 찾았다면, 아마 지금쯤은 서점 주인이 되어있을 거라는 생각을 종종 해본다. 그 서점에서 운명의 사랑을 만난다면 더 좋을 것 같다. 이처럼 행복은 아주 가까운 곳에 있다.

당신도 책을 만나는 순간 행복에 빠질 준비가 되어있는가? 항상 기회는 준비되어 있는 자만이 가질 수 있는 것이다. 행복을 멀리서 찾기보다는 아주 가까운 곳을 둘러보자. 이제 행복을 즐기기만 하면 되는 것이다. 당신의 행복을 아주 가까운 곳, 당신의 손에 들려 있는 책에서부터 찾아 보는 것은 어떨까?

07 독서를 통해 날마다 새롭게 시작한다

인생은 B와 D 사이에 C가 있다.
– 사르트르, 프랑스 사상가

인생은 B와
D 사이에 위치한다

우리의 인생은 B(birth, 탄생)로 시작해서 D(death, 죽음)로 생을 마감한다. 엄마의 뱃속에서 축복받은 삶을 시작해서 죽음으로 끝난다는 것은 사람이라면 누구나 똑같다. 그것은 백만장자건, 노숙자이건 마찬가지이다. 하지만 누구나 노숙자이기보다는 백만장자의 삶을 추구할 것이다. 이 둘의 차이는 C(choice), 즉 선택의 차이가 이렇게 만드는 것이다. 선택이 나를 바꾸는 키라는 사실은 누구나 알지만 행동하지 못할 뿐이다.

내 인생을 새롭게 시작하는 방법으로 나는 책 읽기를 선택했다. 즉 독서를 시작했다는 이야기다. 작년 7월 초부터 스스로에게 책 100권 읽기를 권하기 시작했다. 매일 한 권씩만 읽어도 100일이라는 시간이 걸린다. 과연 내가 할 수 있을까, 하다가 중도에 포기하지는 않을까? 하는 생각이 들긴 했지만, 그래도 성공하면 난 무엇이든지 다 할 수 있을 것도 같았다. 단순히 책 100권이 나를 얼마나 변화시킬 수 있을지는 모르겠지만, 일단 한번 경험해보자는 생각이었다. 오랜만에 하는 독서라서 그런지 한 권을 읽는 게 힘이 들어 '괜히 시작했나' 하는 자책이 들기도 했다. 하지만 책의 한 장이 재미있어지면, 한 챕터가 재미있고, 그 뒤의 내용이 궁금해서 계속 손에서 책을 놓지 않게 되는 신기한 일이 벌어지기 시작했다.

어떤 날은 하루종일 책을 손에서 놓지 않고 읽기도 하고, 밤에 시작한 책이 너무 재미있어서 밤새 보기도 했다. TV를 보면서 밤샐 때와는 다르게 몸이나 마음이 무겁지 않고, 오히려 다음날 일에 집중도가 높아졌다.(이 부분은 지극히 개인적임을 미리 밝힌다.) 그렇게 하루하루 다음날 어떤 책을 읽을까 하는 행복한 고민을 하고 책을 통해 날마다 새롭게 시작할 수 있었다.

"난 당신을 몰라요. 하지만 매일 밤 당신 꿈을 꿔요. 왜지요?"

드류 베리모어, 아담 샌들러 주연의 〈첫 키스만 50번째〉에 나오는 대사 중 하나이다.

당시 나는 남편과 한창 연애를 하던 시기라서 달달한 로맨틱 코미디를 많이 봤었는데, 소재가 신선해서 개봉하자마자 영화를 봤다. 드류 베리모어가 여자 주인공으로 1년 전 교통사고로 사고 당시에 기억이 멈춰진 단기기억상실증 환자로 나온다. 그녀의 기억은 단 '하루'뿐이라는 설정이다. 그녀에게 반한 아담 샌들러는 매일 밤 잠에서 깨어나면 전날을 기억하지 못하는 드류 베리모어에게 테잎을 보여주며, 그녀가 단기기억상실증임을 인식시키며, 매일 새롭게 만나듯이 데이트를 한다. 50번의 데이트를 즐기는 동안 계속 첫 키스만 하게 되는데 그래서 제목이 〈첫 키스만 50번째〉인 것이다. 아담 샌들러가 떠나려고 하면서 혹시 자신을 기억할지도 모른다는 희망으로 찾아갔지만, 역시나 기억하지 못한다. 그렇지만 꿈에서는 계속 아담 샌들러를 그리워하며 꿈을 꾸게 된다. 그 이후에 둘은 결혼을 하고, 아이도 낳고 같이 살게 된다. 그래도 그녀에겐 매일 아침이 새로운 날이기 때문에 테이프를 보면서 하루를 시작한다는 이야기이다.

이 영화는 소재도 신선했지만 사랑의 힘 역시 못할 것이 없고,

사랑에 빠진 사람이라면 언제나 어떤 역경도 이겨낼 수 있다는 생각을 하게 했다. 인터넷에서 검색을 해보니 실제로 단기기억상실증이란 병명을 가진 외국의 한 사람을 보게 되었는데, 다행히 그 사람 옆에 사랑하는 이가 있다는 것을 보고 놀랐다. 꼭 영화처럼 해피앤딩으로 끝났으면 좋겠다는 생각이 들었다.

독서를 통해
날마다 새롭게 시작한다

나에게 독서란 날마다 새롭게 시작할 수 있는 힘을 주는 에너지와 같다. 전날 우울했다가도 아침에 일어나서 책을 읽으면 전날의 기억은 잊고 즐겁게 시작할 수 있게 해준다. 매일 아침 상쾌하게 출발을 한다면 그날 하루 즐겁지 않을 일이 무엇이 있을까. 상쾌하게 하루를 출발한다는 것도 어떻게 보면 운이라고 볼 수 있다.

아리카와 마유미의 《지금부터, 잘나가는 여자》를 보면 이렇게 얘기하고 있다.

우리의 행동은 의식 3%, 무의식 97%의 지배를 받는다고 한다. 즉, 선택의 97%는 무의식으로 정해진다. 운을 내 편으로 하고 싶다, 내 소망을 이루고 싶다고 생각한다면 우선 무의식을 내편으로 만들어야 한다. 그러기 위해서는 시간을 오래 들이지 않고 답을 내야 한다. 그래도 헤맨다면 자연스럽게 답이 날 때까지 기다려야한다. 해본 적이 없는 일이라면 일단 해보는 것도 좋다.

내가 본격적으로 1일 1독을 시작하면서 제일 힘들었던 부분이 시간이 없다는 것이었다. 그래서 내가 꼼꼼히 하루의 시간을 체크해보니 너무 낭비하고 있는 시간이 많다는 것을 알게 되었고, 제일 우선 순위에 고민하지 않고 독서를 선택했다. 다른 것보다 책을 한 권을 읽고 다음 일을 하자고 결정했다. 한 권을 읽는다는 것이 처음에는 부담스러웠지만, 이제는 하루에 한 권을 읽는 것에 대해서 부담스럽지 않고, 매일 아침 책을 읽는 시간을 기다리게 되었다. 매일 일찍 일어나지는 않지만 잠자기 전에 스스로에게 '내일 6시에 일어나서 새로운 책을 만나는 시간이 나를 새롭게 태어나게 한다.' 라고 암시를 건다. 실제로 효과가 있는지는 모르지만 이렇게 주문을 걸고 자는 날에는 6시에 일어나게 되는데 너무 피곤해서 그냥 자버리는 날에는 늦잠을 자게 돼서 하루가 엉망이 된 경우도 있었다.

아침에 어떤 기분으로 일어났느냐가 하루를 결정할 때가 있다.

특히, 전날 화가 나는 일이 있거나 아니면 속상한 일이 있을 때 말이다. 이럴 때는 책을 더 심사숙고해서 고르게 되는데, 주로 끌어당김의 법칙에 관한 책이나 다른 이들의 성공학 책을 많이 본다.

끌어당김의 법칙을 요약하면 내가 생각하는 것을 이루어지게 하는 마법이라고 말할 수 있다. '무엇이든 마음먹기에 달렸다'라는 말이다.

직장 일과 학업에 지친 나에게 매일 아침 새롭게 시작하기 위해, "오늘도 나는 행복합니다, 사랑합니다, 이 세상 누구보다 나를 제일 사랑합니다."라는 주문을 한번 걸어보자. 하루의 시작을 행복함으로 끌어당기자. 그러면, 정말 말 그대로 행복함이 나를 하루종일 감싸 줄 것이다. 믿져야 본전이니 한번 도전해 보라고 얘기해 주고 싶다.

성공학 책을 보다보면, 성공한 사람들은 생각 자체가 우리와 다른 것을 볼 수 있어서 재미있다. 만약에 나라면 그 상황에 그렇게 행동할 수 있을까라는 생각도 들기도 한다. 그리고 어떤 시련이 와도 이겨내는 것을 보면 나도 할 수 있겠다라는 마음을 가지게 된다. 오늘의 나의 시련은 오직 내 인생의 자그마한 점일지도 모르기 때문이다. 그러니 그 점을 너무 크게 생각하지 말자. 가끔은 쿨하게 버릴 줄도 아는 용기를 내보자.

최근 독서를 하면서 주위 사람들을 만나면 "무슨 좋은 일 있어요? 얼굴이 편안해 보여요."라는 말을 종종 듣는다. 사실 나는 별다른 일은 없고 만사 제쳐두고 책을 열심히 읽고 있을 뿐이다. 그런데 사람들은 내가 무슨 좋은 일이 있는 줄 안다. 책을 읽으면 일단 마음이 편안해지니, 모든 것이 감사할 뿐이다. 오늘의 힘든 일 또한 지나갈 것이고, 새로운 내일이 나를 기다리고 있으니, 감사한 것이다. 나의 하루를 허투루 보내지 말고 오늘에 충실하자. 그리고 지나간 오늘은 잊고 내일을 새롭게 맞이 해보자.

나 또한 책을 통해 하루를 날마다 새롭게 시작한다. 당신도 이제 생각은 그만하고 행동으로 옮겨보라. 책이 당신에게 새로운 시작을 만들어 줄 것이다.

특별해서 책을 읽는 것이 아니다. 특별해지기 위해서 책을 읽는 것이다. 나 또한 특별해지기 위해 책을 읽기 시작했다. 그리고 이렇게 책까지 쓸 수 있다고 말할 수 있다. 당신의 시간은 돈보다 더 귀한 것임을 잊지 말아야 할 것 같다. 나는 과연 시간의 부자로 살 것인지, 빈곤자로 살 것인지 결정할 순간이다. 스스로에게 물어보자. 과연 나는 어떤 선택을 할 것인지.

Part 2

누구나 할 수 있는 1일 1독 습관

01

1일 1독,
습관의 힘이다

우리가 반복적으로 하는 행동이 바로 우리가 누구인지 말해준다.
그러므로 중요한 것은 행위가 아니라 습관이다.
— 아리스토텔레스

**언제나 시작은
단 하나에서 시작한다**

올해 내가 꼭 하고 싶은 일 중에 하나는 학사를 졸업하는 것이었다. 우리 때는 3년제밖에 없어서 전문학사로 졸업을 했다. 어느새 4년제를 졸업한 치과위생사들이 나오기 시작했고, 그에 발 맞추어 전문학사를 졸업한 치과위생사들을 위해 심화과정이 개설되기 시작했다. 나는 좀 더 공부를 하고 싶어 대학원에 대해 알아보니, 내가 전문학사여서 대학원 입학이 불가하다는 사실을 알게 되었다. 그러려면 전공심화과정을 통해서 학사를 취득해야 하는데, 여러 학교를 알아보다가 일요일에만 학교를 다니면 되는 과정을 알게 되었고, 전공심화과정에 등록하고 학교를 다니게 되었다.

매주 일요일 아침 9시부터 10시까지 하루종일 학교 책상에 앉아 있는다는 것이 얼마나 힘이 들던지. 평일에는 인터넷으로 공부하고 일요일에는 학교에 가서 공부하는데, 시간이 빨리 갔으면 했다. 그렇게 힘든 시간이 한 주 한 주 지나면서 안 올 것 같던 졸업이 눈 앞으로 다가 왔을 때는 얼마나 기뻤는지 모른다. 그렇게 졸업을 하고서는 원하던 대학원에 입학했다. 힘들었던 전공심화과정을 했었기에 대학원을 갈 수 있는 길을 만든 것이다. 이렇게 무언가를 하기 위해서는 하나 하나가 모여서 둘이 되고 그것은 결국엔 끝까지 갈 수 있는 힘이 되는 것이다.

어떤 것이든지 스타트가 있어야 피니시 라인으로 갈 수 있는 것이지, 피니시 라인에서 스타트 라인으로 갈 수 없다는 얘기다. 그렇기에 누구든 언제나 시작은 단 하나부터 할 수 있다. 독서도 마찬가지이다. 한 권 한 권이 쌓이면 든든하게 나를 지켜주는 보호막처럼 되어간다.

누구나 처음은
작게 시작한다

습관을 만들어 갈 때 염두에 둘 것은 처음부터 목표를 크게 시작하면 힘들고 실패하는 경우가 많다는 점이다. 그렇기에 처음에는 작은 목표로 시작해서 점차 큰 목표를 설정하는 것이 좋다. 처음부터 오늘 이 책을 다 읽겠다는 목표로 시작을 하면 하루 이틀은 시행할 수 있을지는 모르지만, 어느새 책을 읽는다는 것이 스트레스로 다가 올 수도 있을 것이다. 스트레스라고 느끼는 순간 책을 읽고 싶어지지 않을 것이다. 그렇기에 처음부터 목표를 크게 하기보다는 오늘은 하루에 두 쪽만 읽자든지 아니면 오늘은 한 챕터만 읽겠다는 생각으로 읽기 시작해보자. 시작은 작게 하더라도 습관이 생기기 시작하면 하루에 한 권쯤은 거뜬히 읽을 수 있는 내공이 생길 것이다.

작게, 사소하게, 가볍게 시작하라고 이야기 하는 스티븐 기즈의 《습관의 재발견》을 보자.

매일 아침 한 시간씩 일찍 일어나 책을 읽으면 1년에 365시간이 더 생기는 셈이다. 평균적으로 1분에 A4 절반 정도를 읽을 수 있다고 하면, 매일 한 시간 읽는다고 할 때 1년이면 1만 1950장을 읽을 수가 있다. 이는 1년에 100장 분량의 소설을 110권 가까이 읽을 수 있다는 뜻이다. 엄청난 독서량이다. 자신의 지식을 더욱 늘릴 수 있는 확실한 길이기도 하다.

매일 한 시간이라는 시간은 작을지는 몰라도 이것들이 쌓이면 어마어마한 시간이 되는 것이다. 나 또한 새벽에 책을 읽기 위해서 6시에 일어나서 1시간씩 읽기도 했다. 누구에게는 잠을 자는 그 시간이 나에게는 금과 같은 시간이 되는 것이다. 그리고 그때 읽은 책들이 모이고 쌓이면 나에겐 피가 되고 살이 되는 독서로 탄생되는 것이다.

작게 시작했지만
꾸준함이 답이다

한 번쯤 '1만 시간의 법칙'에 대해서 들어 본 적이 있을 것이다. 1만 시간의 법칙이란, 하루에 3시간씩 10년이라는 시간을 쉼 없이 노력하면 그 분야에 최고가 될 수 있다는 법칙을 말한다. 만약에 아직 내가 이 자리에서 최고가 되지 않았다면 꾸준하게 노력하지 않았기 때문이다.

이상훈의 《1만 시간의 법칙》에서는 꾸준함에 대해 이렇게 이야기 한다.

> 결심은 누구나 할 수 있지만 그것을 실천하는 이는 많지 않다. 더구나 오랜 기간 실천을 계속하는 사람은 더 적다. 성공을 향한 '시동'을 결심으로 걸었다면 실천이라는 '기어'를 넣고 지속이라는 '연료'를 넣어야 목적지에 도착할 수 있다. 거듭 강조하지만 지속의 힘을 지렛대로 삼지 않으면 대가의 경지에 오를 수 없다. 반짝 행운으로 단숨에 유명세를 타고 각광 받을 수 있지만 이는 모래 위에 지은 성과 같다. 하루아침에 얻은 결과는 한순간 사라질 수 있기 때문이다. 이와 달리 오랜 시간을 지속해 얻은 결과는 웬만해선 무너지지 않는다.

독서도 마찬가지이다. 드문드문 독서를 한다는 것은 한 권의 책을 한 달에 걸쳐서 쪼개서 읽는 것과 마찬가지이다. 나도 책을 읽을 때 웬만하면 한 권은 그날 끝내겠다는 생각으로 읽는다. 시간을 쪼개서 책을 읽는데, 단 5분이라도 몰입해서 읽기 위해서 시간을 낸다. 이렇게 쌓인 시간은 하루에 한 권씩 읽을 수 있는 시간을 만들어 주었다. 한 권씩 쌓이다 보니, 어느 새 100권이라는 책을 읽을 수가 있었다. 지금은 잠시 쉬고 책을 쓰기 위해서 몰입을 하고 있지만, 이제 책 쓰기가 끝나면 바로 1일 1독에 몰입을 할 것이다.

1일 1독이 나에게 무엇이든
할 수 있다는 자신감을 만들어 주었다

천 리 길도 한 걸음부터라고 했다. 나 또한 1일 1독을 시작할 때는 단 한 권의 책으로 시작을 했다. 맨 처음 책을 읽고, 두 권 세 권까지는 괜찮았었다. 하지만 4권째가 될 때는 살짝 흐트러지는 나를 발견했었다. 일단 100권까지만 읽자고 결심했으니 끝까지 해보자고 결심했다. 그동안 계획만 번지르하게 하고 3일 이상 지속한 것이 별로 없기 때문이었다. 100권을 읽기 시작하면서 시간을 적절하게 분배하면서 쓰기 시작했다. 무조건 책 읽는 데 올인하기보다는 틈틈이 시간을 내어서 읽어보는 것으로 시작하고, 그로 인해 시간에 대해 관리할 수 있게 되었다. 그러면서 하나씩 나쁜 습관을 좋은 습관으로 바꾸다 보니 지금은 무엇이든지 할 수 있겠다는 자신감이 내 옆에 자리하고 있다.

사실 1일 1독을 시작할 때는 '잘 할 수 있을까?' 하는 의문이 없지 않았다. 책을 읽다보니 어느새 1권이 10권이 되고, 50권이 되고, 100권이 되었다. 이렇게 꾸준히 책을 읽으면서 나에게 생긴 좋은 점은 버리는 시간이 없어졌다는 것이다. 예전에는 의미 없이 보내는 시간이 많았지만, 지금은 책을 쓰지 않는 시간에는 책을 읽곤 한다. 이렇게 꾸준한 독서의 습관이 나에게 남겨준 것은 자신감이 아닐까하는 생각이 든다. 지금 나는 여러 역할을 하고 있지만, 이 역할 안에서 중심을 잡을 수 있는 힘을 가지게 되었고, 그 역할을 적절히 조율하면서 지금보다 한 단계 더 올라갈 수 있게 되었다.

습관이란 작고 사소하게 가볍게 시작해서 꾸준함으로 유지하는 것이 정답인 것 같다. 나는 매우 평범한 사람이다. 누구보다 특별함이 있어서 책을 읽는 것이 아니라 특별해 지고 싶어서 책을 읽기 시작했다. 독서도 딱 한 권으로 시작해서 100권을 읽을 수 있었다. 그 독서가 나를 자신감으로 무장시킬 수 있는 힘을 주었다. 독서를 통해서 변화를 느낀 사람들도 있고, 기업가들도 독서를 통해 경영을 변화시킨다. 여기에서 가장 중요한 점은 스스로 변화를 바라고 그것을 실천하는 사람이 되는 것이다.

당신도 이제 1일 1독으로 습관을 만들고 책을 친구처럼 만날 수 있다.

02

하루 세 번,
독서 비타민을 맞자

한권의 좋은 책은 위대한 정신의 귀중한 활력소이고, 삶을 초월하여
보존하려고 방부 처리하여 둔 보물이다.　　　　　　 - 존 밀턴

'삼시세끼'
왜 인기가 있었을까

매주 금요일 밤에 방송되는 〈삼시세끼-어촌편2〉 2회편은 케이블, 위성, IPTV 통합가구 시청률 기준 평균 13.3%, 최고 15.0%를 기록했다(닐슨코리아 제공 / 유료플랫폼 가구 기준)라는 기사가 났다. 나 또한 매주 금요일 밤을 기다리는 사람 중의 한 사람이다.

삼시세끼는 왜 인기가 있을까 하는 질문을 한번 던져보고 싶다. 단순히 연예인이 나와서 인기가 있다고 볼 수는 없을 것이다. 그

프로그램이 얘기하고 싶은 내용을 시청자들이 이해를 했기 때문에 인기가 높은 것이 아닐까 생각해본다.

　나는 삼시세끼 중에도 어촌편을 특히 좋아하는 이유는 차승원의 음식 솜씨가 나보다 좋기 때문이고, 없는 재료로 맛있게 음식을 만드는 솜씨와 음식을 둘러 앉아서 정겹게 먹는 모습이 좋아보여서다. 즐거움 때문에 보게 된다. 음식이라는 것이 혼자 먹기 보다는 둘이 같이 먹으면 더 즐거운 법이다. 사람이라면 하루에 한 번 이상 식사를 해야만 하는 당연한 것을 굳이 프로그램을 만들었을까?

　나영석 PD는 밥 한 끼의 가치에 대해서 알리고자 프로그램을 기획했다고 한다.

　"도시에서는 정말 쉽지만 이 곳에서 만큼은 어려울 수밖에 없는 밥 한 끼의 가치를 이번 프로그램을 통해 느낄 수 있을 것"이라고 했다. 내 생각에는 사람에게 가장 필요로 하는 것은 기본에 충실하고자 하는 마음일 것이다. 지금 책을 쓰고 있는 시점엔 삼시세끼 어촌편을 방영하고 있는데, 평범한 일상 가운데서 그 한끼를 위해서 음식을 정성껏 만드는 걸 보면 내가 독서에 들이는 정성과 비슷하지 않을까 한다. 나에게 독서란 삼시세끼처럼 꼭 필요한 것이다.

　사람은 식사를 통해 영양분을 공급받는데 식사를 하지 않는다는 것은 몸에 영양분을 제대로 공급하지 못한다는 것이다. 독서 또한 마찬가지 이유인데, 독서의 중요성에 대해서 강조를 해도 부족함이 없는 것 같다. 하루에 세 끼를 먹듯이 책도 하루에 세 번씩 단 한 장씩이라도 읽는 것을 추천해주고 싶다. 그렇게 습관을 들여야만 한 장이 한 권으로 바뀌는 날이 올 것이기 때문이다. 아주 사소하지만 규칙적인 습관을 시작해보는 것은 어떨까.

당신에게는 비타민 D가 부족하다

나이가 들어갈수록 제일 무서운 것 중의 하나는 골절이라고 한다. 골절이란 쉽게 말해 뼈가 부러지는 것인데, 가장 큰 이유는 비타민 D와 칼슘이 부족하기 때문이라고 한다. 비타민에 대해서 이야기를 하면, 가장 많이 떠오르는 것이 비타민 C일 것이다. 오히려 비타민 C에 비해 비타민 D가 부족한 이유는 무엇일까? 그것은 현대인들은 바깥 활동을 많이 하지 않기 때문이라고 한다. 나도 생각해보니 출·퇴근할 때가 아니면, 병원 밖으로 나가는 경우가 거의 없기 때문에 햇빛을 쬐는 일이 드물다. 그러다 보니 자연스럽게 비타민 D가 부족하게 된 것이다. 예방하는 방법으로는 점심시간을 이용해서 하루에 10분만이라도 직장 근처에 있는 가까운 공원으로 나가서 공원에서 햇빛을 쬐어보는 것이다. 햇볕이 잘 드는 공원에서 가벼운 산책을 하면서 귀에는 오디오북을 이용해서 말하는 책을 들어보는 방법은 어떨까? 그럼 1석 2조의 효과를 얻을 수 있지 않을까 생각해본다.

요새는 e북을 이용해서 스마트폰으로 책을 읽는 사람들이 많이 늘었다. 또한 오디오북으로 책을 읽어주는 앱을 이용해서 들어보는 방법도 있다. 나처럼 출퇴근 시간 때에 걸어 다니는 경우에는 길거리에서 책을 읽기가 어렵기 때문에 귀로 듣는 방법도 또 하나의 독서하는 습관을 만들어 보는 좋은 방법이다. 부족한 줄도 몰랐던 비타민 D는 약을 먹기도 하고 산책을 통해서 예방을 한다. 하지만 독서는 부족하다고 생각은 하면서도 읽을 생각조차 하지 않는다. 말로만 시간이 부족하다는 핑계를 대고 말이다. 머리로만 필요하다고 생각하지 않고 행동으로 옮기는 것이 진짜 습관으로 이어질 수 있다. 독서야말로 진짜 습관으로 만들어야 하는 것이다.

하루 세 번,
독서 비타민을 맞자

늘 시간이 없다고 얘기하는 당신에게 독서를 무작정하라고 강요할 수는 없을 것 같다.

독서를 하기 전부터 겁부터 내는 사람들도 있기 때문에 처음부터 거창하게 읽는 것보다는 천천히 즐겁게 시작하는, 아주 작은 독서 습관을 만들어 보도록 하자.

내가 제시하는 독서 습관 방법은 이렇다.

첫 번째, 하루에 딱 3번만 책을 펼쳐보기

습관적으로 아침·점심·저녁에 세 번 책을 보는 것이다. 장 수에 의미를 두지 않는다. 한 장이라도 좋으니 즐겁게 시작한다. 책을 언제까지 읽겠다는 목표는 세우지 않는다. 책이 즐겁다는 것을 느끼는 것이 먼저다.

두 번째, 하루에 3번씩 보면서 한 챕터씩 읽기

한 권의 책은 보통 40챕터로 이루어져 있다. 하루에 3챕터씩 읽으면, 11일 정도면 한 권의 책을 읽을 수 있으니 한 달이면, 3권 정도의 책을 읽을 수 있다. 이때부터는 규칙적으로 책을 읽는 습관을 들여보는 것이다.

세 번째, 하루에 3번, 1/3씩 읽기

이제는 하루에 한 권을 읽으면서 습관으로 정착시키는 단계이다. 하루에 한 권씩 읽기 시작하면, 1년이면 365권의 책을 읽을 수 있고, 3년이면 1000권의 책을 읽게 된다.

물론 시작부터 1000권을 목표로 세운다면 생각만으로도 지쳐서 읽고 싶지 않을 것이다. 그래서 일단은, 지금 제시한 하루에 딱 3번만 책을 보는 쉬운 습관으로 시작한다. 어느새 나도 모르게 익숙해져 있을 것이다. 그러다 보면 하루에 한 권 읽는 것쯤이야 쉽다고 느낄 수도 있을 것이다.

여기에서 가장 중요한 점은 책을 항상 내 곁에 가까이 두는 것이다. 언제든지 내가 보고 싶을 때, 눈에 보여야 한다는 것이다. 눈에 보이지 않으면 어느 순간 잊어버리게 된다. 조금씩이라도 책과 친해지는 연습을 하는 것이다. 아이들도 처음부터 바로 걷지는 못한다. 뒤집기를 하고 기고 앉고 나서야 비로소 걷기 위해 한 발짝씩 앞으로 나아가는 것이다. 우리도 책에 대해서는 느리지만 친해지는 연습을 하고 난 후에 비로소 속도를 낼 수 있다.

나의 하루에 독서라는 비타민을 맞아보자. 독서 비타민이 나의 내면을 풍요롭게 해줄 것이다.

03
기적을 바란다면
독서방법을 바꿔보자

> 인생을 살아가는 데는 오직 두 가지 방법밖에 없다. 하나는 아무것도 기적이 아닌 것처럼, 다른 하나는 모든 것이 기적인 것처럼 살아가는 것이다.
> — 알버트 아인슈타인

당신의
기적은

2002년은 우리나라 국민이라면 기적과도 같은 한 해를 보낸 해이며, 특히 6월은 전국을 들썩이게 만든 달이었을 것이다. 남자라면 자다가도 벌떡 일어난다는 것 중의 하나가 축구라고 한다. 2002년은 아마 우리들에게 평생 잊을 수 없는 추억을 만들어 준 해였을 것이다. 월드컵을 한국에서 치르는 것만으로도 행복한데, 그때 선수들이 너무 잘 뛰어서 4강까지 진출을 하는 기적을 만들었다. 매경기마다 얼마나 손에 땀을 쥐게 했는지. 특히 스페인전은 평생 잊을 수 없는 박빙의 게임이었다.

　마지막까지 긴장의 끈을 놓을 수가 없었다. 연장전을 하고도 무승부여서 승부차기를 통해서 승자를 가려야 되는 상황이었는데, 한국 축구선수들은 어깨동무를 하며 마지막까지 우리가 이길 수 있다는 희망의 끈을 놓지 않았다. 반면에 스페인 선수들은 각자 잔디밭에 앉거나 누워서 승부차기를 기다리고 있었다. 골키퍼 이운재 선수는 마지막까지 집중력을 발휘해 공을 막았다. 홍명보 선수가 골을 차야하는 차례가 되었을 때, 골문에 골이 들어가던 그 때, 우리는 제발 골이 들어가줬으면 하는 희망을 가지고 TV에서 눈을 뗄 수 없었다. 홍 선수가 찬 공이 골대를 지나 골이 들어가던 그 순간 우리는 4강에 진출하는 기적을 만들었다. 술집과 음식점은 4강 진출 기념이라며, 서비스를 내놓기도 했고 전국은 축제 분위기로 들썩거렸다. 외신은 '한국 축구의 기적'이라 불렀다. 그 후 한국 축구는 제자리 걸음을 걷고 있다. 언제일지는 모르나 두 번째로 한국에서 단독으로 월드컵을 개최하는 순간을 내가 살아있는 동안 또 볼 수 있을까 싶다.

　기적이란 상식으로는 일어날 수 없는 일이며, 신에 의한 불가사이한 현상을 의미하는데, 이 세상에는 종종 우리가 믿을 수 없는 일들이 일어나곤 하다. 우리는 종종 기사를 통해 기적을 만나곤 한다. 10년 만에 식물인간이었던 사람이 깨어났다거나, 자동차 사고에도 어디 한 곳 다친 곳이 없다라는 기사들을 말이다.

당신에게 기적은 무엇인가라고 질문을 던진다면, 어떻게 대답을 할 것인가? 나는 아직 기적을 보진 못했지만 독서를 통해서 기적을 만들 수 있다고 생각한다. 누군가는 그깟 독서가 어떤 기적을 만들 수 있느냐고 말할 수 있겠지만, 독서를 통해서 삶을 바꿔버린 사람들이 많다. 이제 당신의 기적을 독서로 만들어 보는 건 어떨까?

당신에게 맞는
독서법을 찾아라. 그리고 바꿔라

독서는 단순히 책을 읽는 것이 아니다. 독서를 통해서 그 안에 있는 것을 내 것으로 만드는 것이다. 그렇다면, 어떠한 독서법들이 있고 나에게 맞는 독서법은 어떤 것일까?

나만의 독서법을 찾기 위해서는 누군가의 독서법에 대해서 알아보고 그것을 따라하면서 자기 것을 만들어 보는 것이 좋다. 일단 다른 사람들은 어떤 독서법을 갖고 있는지 알아보자.

《아흔 즈음에》의 저자 김열규의 독서법을 보자.

첫 번째는 꼼꼼하게 읽기이다.

처음부터 끝까지 흙 속의 진주를 찾는 것처럼 완전히 몰입해서 한 자 한 자 꼼꼼하게 읽는 것이다.

두 번째는 읽고, 읽고 또 읽는 것이다.

책의 내용을 한번에 읽고 다 이해할 수 있으면 좋겠지만, 여러 번 읽어야 이해할 수 있는 것들도 있다. 읽을수록 새로운 느낌을 주는 책도 있다, 한 번만 읽지 말고 여러 번 읽어보도록 하자.

세 번째는 촘촘한 그물망같은 읽기이다.

그물망에 한번 물고기가 잡히면 빠져나올 수가 없다. 큰 고기, 작은 고기 할 것 없이 다 잡을 수 있다. 처음에 한 챕터를 읽어보고, 두 번째는 단락별로 분석하며 읽고, 마지막에는 문장을 분석하면서 읽어보는 방법이다.

네 번째는 책에서 재미를 찾아가며 읽기이다.

책을 읽으면서 그 안에서 찾을 수 있는 깨알같은 재미를 찾아보는 것이다.

사람마다 생김새가 다르듯이 독서하는 방법 또한 다르다. 처음에는 누군가를 모방하는 것으로 시작해서 그 과정을 통해 나만의 독서법을 찾아가는 것이다.

이제 나의 독서법을 얘기해 본다.

첫 번째, 하루에 한 권을 읽도록 한다.

되도록 300쪽 내외의 책은 하루에 한 권을 다 읽을 수 있도록 한다. 독서하는 것을 최우선으로 해서 하루를 보낸다.

두 번째, 책에서 중요한 부분은 줄 긋고 표시를 해놓는다.

책을 읽다보면, 내 마음에 콕 들어오는 명언들이 있다. 내가 참고해야 할 부분들은 줄긋고, 별표 등을 표시하고 책의 귀퉁이를 접어놓는다.

세 번째, 책 앞장에 책을 읽은 날짜와 한 문장으로 느낀 점에 대해서 적는다. 마지막으로 싸인을 한다. 나중에라도 두 번, 세 번 읽는 것을 대비해서 매번 날짜를 적는 것이다.

네 번째, 블로그에 서평으로 남기는 것으로 마무리를 한다.

나는 독서노트보다는 블로그에 남기는 것으로 독서노트를 대신한다. 언제나 내가 읽은 책들을 볼 수 있고, 다른 사람들과 함께 공유할 수도 있다.

한 가지 더 말하자면, 하루에 한 권씩 읽어야 할 책과 조금씩 쪼개서 봐야하는 책을 반드시 구분해서 읽는 것이다. 인문학 책이나 책의 두께가 두꺼운 경우에는 날짜를 정해놓고 책을 읽는 편이다.

이렇게 나만의 독서법을 만들었고, 이제 그 방법을 점점 업그레이드 하고 있다.

　한 교수님께서 논문에 대해 설명해 주신 게 생각나는데, '기존에 나온 논문을 살펴보고 그 사람들이 갔던 길을 따라가서 마지막에 한 발짝만 더 나아가는 것이다.' 라고 말씀을 해주셨다. 그것에 비유해서 말하자면, 다른 사람의 독서했던 방법을 따라가서 거기서 단 한 발짝만 더 나아가 나만의 독서법을 찾는 길이라고 얘기하고 싶다.

　이제 나만의 독서법을 찾아야 할 시간인 것이다.

04

하루를 독서로 시작하라

인생은 흘러가는 것이 아니라 채워지는 것이다. 우리는 하루하루를 보내는 것이 아니라 내가 가진 무엇으로 채워가는 것이다.
– 존 러스킨, 영국의 비평가. 사회사상가

누구나 월요병을 가지고 있다

매주 월요일 아침 일어나기가 어떤가요? 라는 물음에 직장인이나 대학생 모두 "일어나기 싫어요." 혹은 "월요일이 안 왔으면 좋겠어요." 라고 얘기하지 않을까? 나도 한때는 그랬다.

나도 처음 치과에 다닐 때 일요일 저녁부터 내일 출근하는 게 걱정이 될 정도였다. 월요일 아침에 출근하면 또 얼마나 많은 일에 시달릴까 하는 걱정에 일요일에 잠이 안 올 정도였다. 출근을 하는 게 죽기보다 싫었다고 하면 내 마음을 이해할 수 있을 것이다. 지금도 가끔 인터넷을 보면 그때의 나와 비슷한 상황인 사람들이 올리는 글이 보이기도 한다. 오히려 그때보다 더 심해진 것은 아닐까 하는 생각도 든다. 지금 돌이켜보면 그때 힘들었지만 나에게 든든한 버팀목같이 지켜준 것들이 있다면, 같이 일을 했던 동료들, 그리고 책이었다.

같이 일을 했던 동료들은 다들 독서광이라고 불릴 만큼 책을 많이 읽는 사람들이었다. 마치 책을 읽지 않으면 큰일 날 사람들마냥, 출근 시에 품에 항상 책을 가지고 출근을 했다. 잠시 쉬는 짬이 나면 다들 책을 읽곤 했었다. 그 동료들은 지금도 만나는데, 그 중 한 언니는 늦은 밤에 혼자서 맥주 한 캔과 함께 독서를 할 때가 제일 행복한 시간이라고 한다. 이 글을 쓰는 지금 오랜만에 동료들을 만나고 싶다는 생각이 든다.

아침에 일어나기 싫겠지만, 책을 읽기 위해 하루를 시작한다고 마음을 바꿔보는 건 어떨까.

누구나 홀로서야 하는
시간이 필요하다

얼마 전 윤미선 작가의 《홀로 서는 연습》을 읽게 되었는데, 이런 글이 있었다.

> 우리는 모두 잠을 자고 잠에서 깬다. 아침에 일어난 직후와 잠자기 직전에는 좋은 기분을 '주입'하기에 매우 좋은 시간이다. 잠자기 전에 행복한 생각을 하면 좋다. 그러면 그 생각과 기분이 잠을 자면서도 유지되어 더욱 행복하게 잘 수 있다. 나는 잠들기 전에 단 5분이라도 책을 읽는다. 평소에 다양한 책을 읽는 편이지만 잠들기 직전에는 특히 '좋은 책'을 선택한다. 심각하거나 우울한 이야기를 하는 책은 피하고 긍정적이고 밝은 내용의 책을 읽는다. 아침에 일어난 직후도 좋은 시간이다. (중략) 지겨운 하루가 시작됐다고 생각 말고 오늘도 행복한 하루를 시작하자고 스스로에게 말하며 하루를 다짐하자.

나도 사회 초년 시절 이렇게 책을 읽었더라면 하루를 시작하는 데 도움이 되지 않았을까 하는 뒤늦은 생각이 든다. 역시 책을 읽는다는 것은 나에게 절대 마이너스가 되지 않는다는 것을 생각하게 해준 글귀였다.

스무 살 무렵, 기숙사 생활을 할 때 같은 방을 쓰는 친구들과 노는 게 좋아서 밤 늦게까지 놀다가 새벽 2시~3시에 자는 게 일상인 적이 있었다. 아침에는 수업 시작하기 30분 전에 일어나 얼굴만

씻고 가기도 했다. 그렇게 야행성이 습관으로 자리를 잡고 나니 사회생활을 시작하면서 더 심해지기까지 했다. 오늘은 일이 힘들어서 한잔, 회식한다고 한잔, 이렇게 핑계를 만들어 술자리를 하다보면 어느새 새벽까지 길어진 술자리는 다음 날 일어나기 힘든 하루를 만들곤 했다. 다들 사회생활을 하다보면 나같은 경험을 한 번쯤 해봤을 거라고 생각한다. 이렇게 하루를 시작하다보면 아침에 술 깬다고 오전 시간을 다 보내고 점심시간만 기다리게 된다. 그렇게 하루를 보내는 시간이 어떨 때는 너무 아까운 생각이 들었지만, 몸이 힘들고 지치니 그냥 의미 없는 하루를 살았던 것 같다.

아침형 인간으로
태어나고 싶다

2003년도에 '아침형 인간' 광풍이 불었던 적이 있다. 그때는 너도 나도 아침형 인간이 되기 위해 저녁 회식이나 늦은 밤 모임까지 미루면서 아침에 일어나서 하루를 시작하는 사람이 늘어나기 시작했었다. 나도 역시 한때는 아침형 인간이 되겠다고 노력해 본 적이 있었다. 그런데, 작심삼일이라고 얼마 가지 못해 실패했다. 목적이 없이 남들이 하니까 해야지 했던 거라서 실패한 것이다. 성공을 하기 위해서는 절실한 동기부여가 필요하다.

아먀모토 노리아키가 쓴 《인생을 바꾸는 1시간 노트》라는 책에는 아침형 인간으로 거듭나는 9가지 필승전략에 대해서 나온다.

1. 즐거운 밤 생활과 작별한다.
2. 아침형 인간의 가장 큰 적, '텔레비전'과 '인터넷'
3. 100% 일찍 일어나는 '야간작전'
4. 아기처럼 단잠에 빠지는 '꿈나라 입장의식'
5. 일어나는 시간을 자유자재로! '체내시계' 활용법
6. '5분만 더!'를 외치지 말고 '낮잠'을 자라.
7. 아침을 맞이하는 5가지 습관
8. 뇌는 자는 동안에도 활동한다! "최적화 기능을 활용하자"
9. 일찍 일어나지 못했다고 자책하지 말자.

이 법칙을 모두 지킨다면 좋겠지만, 나는 한 두 개만 하고 있다. 제일 잘 지키는 것은 '즐거운 밤 생활과 작별'이다. 아이들이 있다 보니 꼭 필요한 자리가 아니면 집에 있는 편이다. 술도 잘 먹지 않는 편이라서 이건 아주 잘 지키는데, 잘 못하는 것은 텔레비전이다. 나름 'TV 홀릭녀'라서 FOX나 OCN의 미드에 빠져들어서 새벽 2시, 3시까지 보곤 한다. 지금은 예전에 비하면 많이 줄인 편이기는 하다. 다른 건 몰라도 확실히 일찍 자면 아침이 상쾌해진다. 여기서 독서를 플러스 한다면 시너지 효과는 두 배가 된다. 지금도 나는 새벽에 일어나기 위해 노력하고 있다. 새벽 5시는 힘들겠지만 6시에는 일어나보고 안 되면 7시라도 라는 마음으로 매일 아침 핸드폰 알람을 맞춰 놓는다.

아침에 일어나기 힘들지만 눈을 부비적거리며 침대에서 꿈틀꿈틀 일어난다. 침대에서 일어나면 손 닿는 곳에 있는 책을 집어 들고 독서를 시작한다. 한 시간 정도 몰입해서 읽고 나면 이제 나의 본업인 엄마의 모습으로 돌아간다. 1시간이 안 되면 단 5분이라도 책을 읽기 위해 조금이라도 일찍 일어나려고 한다.

처음에 본격적으로 1일 1독을 시작하면서, 아침부터 저녁 12시까지 한 권을 읽는 것을 목표로 했었다. 주말같은 경우에는 이를 지키기가 힘들었다. 12시인 나의 마감시간에 책을 겨우겨우 읽는 모습을 보고 방법을 좀 달리해 봐야겠다는 생각이 들었다. 이 방법 저 방법을 쓰다가 지금 정착한 방법은 자기 직전에 내일 읽을 책을 먼저 골라보는 것이다. 그날그날 나의 기분에 따라서 내일 아침에 읽으면 기분이 좋을 책을 신중히 고른다. 그리고 나서 침대에 앉아서 30분에서 한 시간 정도 책을 읽고 잠이 든다. 그러면 그 다음날은 책에 대해서 더욱 몰입해서 읽는 효과를 덤으로 얻는 것 같다. 아침에 일어나서 어떤 책을 읽을지 고민하기보다는 내가 하는 방법을 시도해보면 하루를 시작하기에 독서만한 것이 없다는 생각이 들 것이다. 새벽에 일어나서 책을 읽겠다는 목적을 가지고, 매일 성공하지 못하더라도 일단 도전해보자.

05

혼자 있는 시간,
독서타임이다

남의 책을 읽는 데 시간을 보내라. 남이 고생한 것에 의해 쉽게
자기를 개선할 수 있다.　　　－ 소크라테스, 고대 그리스 철학자

혼자만의
시간이 부족하다

"현대 사회에서는 대부분의 사람들이 여유가 없다. 심지어 혼자 있는 시간에도 스마트폰으로 누군가와 지속적으로 메시지를 주고 받는다. 골방에 들어가 문을 닫고 혼자만의 시간을 가져라."

《만행 하버드에서 화계사까지》의 현각 스님이 한 대학 강연회에서 한 이야기이다. 이 이야기를 들으면서 진짜 그럴까? 라는 의구심으로 곰곰이 생각해보았다. 실제로 직장에서 동료들을 관찰

해보니, 쉬는 시간이 되면 너도 나도 핸드폰이 손에서 떠나지 않는 것을 확인할 수 있었다. 나같은 경우에는 책을 보는 것으로 위안을 삼는다. 다른 사람들도 핸드폰 하는 시간에 책을 본다면 얼마나 좋을까 싶기도 했다. 나도 처음부터 책을 열심히 본 것은 아니지만, 지금은 책 읽을 시간을 만들기에 최선을 다한다.

혼자만의
여행을 준비하다

세상에서 부러운 사람 중 하나는 혼자서 여행을 떠나는 사람들이었다. 나는 여행을 거의 가족과 함께 한다. 하지만 일부러 혼자만의 여행을 떠나곤 한다. 당신은 혼자만의 여행을 떠나본 적이 있나요? 라는 질문에 어떻게 대답을 하겠는가?

아직 혼자인 게 두려워서 시도해 보지 못했다면 한번 시도해 보라고 권하고 싶다. 나도 처음에는 혼자 여행을 떠난다는 것이 두려웠다. 삼십 년 넘게 살아오면서 한 번도 도전해보지 못했던 일생일대의 가장 큰 결심이었다. 결혼생활과 '육아 전쟁'은 정신적, 육체적으로 나를 지치게 만들었다.

더 이상 버티다가는 내가 미치지 않을까하는 생각이 머릿속에서 떠나지 않아서 처음으로 용기를 내서 여행을 떠나기로 했다.

여행을 준비하면서 정말 흥분되고 행복의 엔돌핀이 막 쏟아지는 느낌이었다. 참, 사람이 이렇게 단순한가, 금방 기분이 싹 좋아진 기분이었다. 여행을 떠나기로 결심하니 육아도 직장일도 뭐 하나 신나지 않은 게 없었다. 빨리 떠나고 싶어 열심히 여행지를 찾으면서도 나에겐 육아라는 엄마의 자리도 있기 때문에 짧게 떠나기로 했다. 도쿄로 도깨비 여행을 떠나기로 결정하고, 숙소, 비행기 예약, 일정 등을 혼자서 짰다. 처음에는 막막했지만, 하나하나 준비해보니 생각보다 어렵지 않았다. 환전까지 마치고 나니 설렘도 앞서지만, 사실 제일 두려운 것은 혼자 떠난다는 것과 일어 및 영어를 전혀 하지 못한다는 점이었다. '혹시 국제 미아가 되면 어쩌나' 혹은 '가서 잘 할 수 있을까' 하는 생각에 일본 여행 카페를 뒤져서 혼자 시뮬레이션도 해보고, 하네다 공항 홈페이지도 들어가보고, 지하철 노선도 등을 프린팅해서 내 것으로 만들었다.

막상 한국을 떠나는 날이 다가오니 떨리기는커녕 설렘만 가득했다. 그리고 하네다 공항에 내려 보니 한국어로도 잘 써있고, 한국과 사실 별반 다르지 않았다. 그렇게 철저히 혼자서 여행을 보내고 다니다 보니 혼자서 다니기가 너무 편했다. 밥도 혼자 먹는 용기도 내어보고 쇼핑이나 구경하는 것도 마찬가지였다. 사진 찍는 것만 빼면 사실 전혀 불편하기는커녕 편하기만 하고 여행 내내 생각도 많이 해서 마음이 너무 행복했다. 여행에서 돌아오는 비행기 안에서 1년에 한 번씩은 나를 위해서 여행을 떠나야겠다는 결심을 하게 되었다.

나는 여행을 떠나기가 힘들면, 1박2일이라도 호텔로 여행을 떠났다. 호텔로 갈 때는 가방 안에 2권의 책을 가지고 떠났는데, 체크인을 하고 나올 때까지 방안에만 있었다. 책 읽다가 지치면 자고 TV도 보면서 오롯이 나만의 시간을 보냈다. 호텔 여행을 끝내고 집으로 돌아오는 발걸음은 그렇게 가벼울 수가 없다. 내가 1년에 한 번씩 혼자만의 여행을 떠나는 가장 큰 이유는 나만의 시간을 가지기 위해서였다. 즉, 사색의 시간이었다. 그렇게 여행은 나의 삶의 희망이자 낙이 되었다. 나는 여행가고 싶다고 하는 사람들에게는 혼자 한번 떠나보라고 강력 추천해주고 싶다. 덤으로 책도 한권 준비해서 간다면 여행을 통해서 얻는 것들이 더 많을 것이라고 생각한다.

혼자만의 시간
독서를 시작하다

사람들과 같이 있는 나와 혼자의 나는 다르다. 누군가와 있을 때의 나는 나의 본연의 모습을 숨길 수 있지만, 혼자일 때는 나를 숨길 수가 없다. 그렇기에 혼자일 때의 나를 객관적으로 바라보고 나를 더 발전시킬 수 있는 시간으로 만들어야 하는 것이다.

오카모토 다로는 《내 안의 독을 품고》에서 다음과 같이 말하고 있다.

> 아무튼 모두 자신을 소중히 여긴다. 모두에게 사랑받고 싶어 진짜 자신의 모습을 밖으로 드러내지 않는다. 스스로도 그것을 느낄 터이고, 상대 또한 그것을 알기에 사귀려하지 않았다. 어째서 모든 친구에게 유쾌한 사람이 되어야 할까. 이런 성격의 사람이라면 자동으로 모두를 배려하겠지만, 그것은 타인을 위해서라기보다 결국 자신의 마음을 편하게 하기 위한 것임을 알아야 한다. 더 엄격하게 자신을 객관적으로 바라보면 어떨까. 친구에게 호감을 살 생각을 접고 친구로부터 고립되어도 좋다고 마음먹고 자신을 관철해가면 진정한 의미에서 모두를 기쁘게 하는 사람이 될 수 있다.

혼자만의 시간을 철저히 즐기고, 그 시간을 나에게 플러스로 만들기 위해 독서를 시작하는 방법을 한번 만들어 보자. 혼자만의 시간이 전혀 다른 사람으로 변하게 한 경우가 있다. 대입에 실패한 열여덟 살부터 메이지 대학에 직장을 얻은 서른두 살까지 10년간 고독의 늪에서 철저히 혼자의 시간을 보내며, 1년에 30권 이상 책을 내며 강연과 수업, 방송 출연과 감수 등 많은 일들을 해내는 사람은 누구일까?

사이토 다카시다. 한국에서도 여러 권의 책을 내서 베스트셀러로 올려놓은 작가다. 사이토 다카시가 성공한 이유를《혼자 있는 시간의 힘》이라는 책에서 이렇게 이야기 하고 있다.

교양을 쌓고 자신의 가치를 정확히 파악하는 데 절대 빠트릴 수 없는 것 중 하나가 바로 독서다. 혼자일 때 책 읽는 것은 당연한 일이라 생각하겠지만 볼거리, 즐길거리가 극단적으로 늘고 있는 현대 사회에서 책 읽는 법을 익히지 못한 사람은 엄청나게 많다. 독서를 하는 사람과 하지 않는 사람은 10년, 20년 후 인간적인 매력에 있어 큰 차이가 난다.

나 역시 이 말에 동감하는데, 지금의 나는 아직도 미생에 불과할지도 모른다. 미생이어서 계속 부딪히고 실패하고 쓰러지기를 반복한다. 하지만 지금 내가 하고 있는 독서가 나를 변화시키는 데 도움이 되어서 완생으로 가는 길을 안내해 줄 것라고 생각한다. 그 길은 분명 나 혼자서 가야하는 길일 것이다. 그 길에 여행이라는 친구와 영원히 내 편이 되어 줄 책과 함께 보낸다면 나는 분명히 행복한 사람이 되어있을 것이다. 지금 당장 혼자서 떠나는 여행을 한번 시도해 보자. 그 옆에 책과 함께 하는 당신이라면 이미 행복한 사람일 것이다.

06

8-8-8 법칙을 활용하라

한 권의 책이 어떤 사람에게는 인생의 운명을 바꿀 정도로 강력한 영향력을 행사하지만, 어떤 사람에게는 운명을 가로막는 장애물이 될 수도 있다. 또 사람들 눈에는 문명의 이기에 아깝게 희생당한 한 그루의 나무를 떠올릴 수도 있을 것이다.
– 유동범

당신은 시간을 돈으로 살 수 있는가

이 세상에서 가장 공평한 것은 무엇일까? 그것은 누구에게나 하루 24시간이 공평하게 주어진다는 것이다. 사람을 차별하지 않고 누구에게나 주어지는 것이다. 하지만 이 시간을 어떻게 보내느냐에 따라 몇 년 후에는 굉장한 차이를 보인다. 이 24시간을 어떻게 보낼 것인가는 당신의 선택에 달렸다. 당신은 어떤 선택을 할 것인가?

시간에 관련된 영화를 생각해보니, 〈인타임〉이라는 영화가 있다. 아만다 사이프리드와 저스틴 팀버레이크가 주연을 했는데, 주된 줄거리는 시간에 관련된 것이다.

커피 1잔 4분, 권총 1정 3년, 스포츠카 1대 59년! 모든 비용은 시간으로 계산된다.

가까운 미래, 모든 인간은 25세가 되면 노화를 멈추고 팔뚝에 새겨진 '카운트 바디 시계'에 1년의 유예 시간을 제공받는다. 이 시간으로 사람들은 음식을 사고, 버스를 타고, 집세를 내는 등 삶에 필요한 모든 것을 시간으로 계산한다. 하지만 주어진 시간을 모두 소진하고 13자리 시계가 0이 되는 순간, 그 즉시 심장마비로 사망한다. 때문에 부자들은 몇 세대에 걸쳐 시간을 갖고 영생을 누릴 수 있게 된 반면, 가난한 사람들은 하루를 겨우 버틸 수 있는 시간을 노동으로 사거나, 누군가에게 빌리거나, 그도 아니면 훔쳐야만 한다.

인간의 수명이 돈으로 거래된다라고 하는 내용이 핵심이라고 할 수 있다. 이 영화는 나에게 시간에 대해 생각을 하게 해준 영화였다. 현대 사회에서는 아무리 부자라고 해도 시간을 돈으로 살 수가 없기에 각자가 주어진 시간을 충실히 보내야 한다. 그 시간을 어떻게 보내느냐에 따라 나의 미래가 결정되기 때문이다.

당신은 시간
부자인가 빈곤자인가

하루 중 나의 미래를 위해 투자하는 시간에 대해서 여성중앙(2015년 4월호)에서 조사했는데, 총 200명의 기혼여성들 중에 55%는 잠깐 생각하는 정도, 28%는 거의 없다, 17%는 하루 1시간 이상 꾸준히 라고 대답했다. 이 기사에서 우리가 알 수 있는 것은 절반 이상의 사람들이 나의 미래에 대해 고민하지 않는다는 것이고, 그만큼의 시간을 투자하지 않는다는 것이다. 세상에서 제일 부자는 시간 부자라는 말이 있듯이 하루하루를 살아가는 시간을 의미 없이 흘러가게 놔두는 사람들이 의외로 많다. 생각보다 우리는 시간의 빈곤자라는 사실에 씁쓸함을 감출 수 없다.

시간관리를 위해 필요한 것들(복수응답)에 대한 질문에는 27%는 여유자금, 25%는 효율적인 시간분배, 20%는 분명한 목표설정, 18%는 육아·교육 등 협조, 16%는 가사 분담, 5%는 SNS, 쇼핑 등 주변활동 자제로 대답을 했다. 나는 여기서 효율적인 시간분배와 분명한 목표설정이 절반 가깝게 차지하는 것을 보고, 인생에 있어 고민을 해보고 목표설정을 하는 것이 얼마나 중요한지 다시 한번 깨달았다.

인생은 분명한 목표를 설정하는 것이 굉장히 중요한 문제이다.

어떠한 목표를 세울 것인가는 무척 중요한 문제인데, 왜냐하면 결과를 바꿀 수 있기 때문이다. 이럴 때 책을 읽고 도움을 받는 것도 중요한 방법이다. 지그 지글러의 《1인 리더십으로 목표설정하라》, 오린슨 마덴박사의 《마덴박사의 성공 목표설정연습장》, 개리 라이언 블에어의 《목표설정 101》 등을 통해서 이 문제에 대해 깊이 생각해볼 수 있을 것이다.

효율적인 시간분배에 대해서도 잘하고 있지 못하다고 생각이 든다면, 시간관리에 관한 책을 통해서 배워볼 수가 있는데, 김민주의 《25시간 하루를 사는 법》, 하이럼 스미스의 《성공하는 시간관리와 인생관리를 위한 10가지 자연법칙》, 유성은의 《성공하는 사람들의 시간관리 습관》, 사이토 다카시의 《사이토 다카시의 시간관리 혁명》을 읽어 보고 나에게 맞게 벤치마킹해 보는 것이다. 어렵게만 느껴지는 시간관리, 당신은 어떻게 할 것이며, 무엇을 목표로 달린 것인지 책에서 답을 찾아보자.

8-8-8-법칙을 활용하라

누구에게나 공평하게 주어지는 하루 24시간을 8시간씩 나누어 보자. 하루에 8시간은 잠을 자기 위해서 보낸다. 다른 8시간은 직장에서 일을 하기 위해 보내는 시간이다. 마지막으로 남은 8시간은 아마 식사나 여가활동을 위해서 보내는 시간이 될 것이다. 이 8시간을 어떻게 활용을 하는지에 따라 우리의 삶의 질은 바뀔 것이고, 무엇을 하느냐에 따라 인생이 바뀔 것이다.

8시간 중에 독서에 투자하는 시간이 얼마나 되는지 한번 곰곰이 생각해보자. 나는 하루 평균 2시간에서 3시간 정도 투자를 하고 있다. 누가 보면 과하게 투자를 하고 있다는 생각이 들 수도 있겠지만, 책을 보면 꼭 끝까지 보는 습관을 가진 나로써는 TV 보는 시간을 줄여서 독서에 투자하고 있다.

《시간을 정복한 남자 류비세프》의 저자 다닐 알렉산드로비치 그라닌은 소련의 곤충분류 학자인 알렉산드로비치 류비세프가 82세 일기로 세상을 떠났을 때, 누구보다 바쁘게 살았지만 여유로운 삶을 누린 그의 비법이 궁금했다. 류비세프는 매일 8시간 이상 잠을 자고 산책과 운동을 하며 한가로이 즐기는 삶을 살았지만, 그는 70여 권의 학술 서적과 총 1만 2500여 장에 달하는 연구논문, 학술자료, 수제본 한 수천 권의 소책자들을 남겼다. 이런 초인적인 업적의 비밀은 '시간통계'라는 노트에서 밝혀지게 되었다. 철저한 시간관리를 통해서 한가로운 삶을 지향해 온 류비세프는 연간 계획이나 월간 계획을 작성할 때 과거의 경험을 바탕으로 계획했다. 예를 들어서 내가 어떤 책 한 권을 읽어야 한다고 치자.

경험에 따르면 나는 한 시간에 20~30쪽을 읽을 수 있다. 이런 기존의 경험을 바탕으로 계획을 짜는 것이다. 수학책 같은 경우는 한 시간에 4~5쪽을 읽을 수 있고 때로는 채 한쪽을 못 넘길 때도 있다.

나는 읽었던 책은 모두 세밀히 분석해서 내 것으로 만든다. 예를 들어 내가 잘 모르는 새로운 분야의 서적이면 먼저 요점정리를 해둔다. 또한 어느 정도 수준이 있는 책을 읽고 나면 항상 비판적인 분석을 써놓으려고 한다. 경험을 바탕으로 몇 권의 책을 분석할 것인지에 대해서도 미리 계획할 수 있다.

내가 할 수 있는 독서의 시간까지 분단위로 시간을 쪼개고 계산해서 철저히 계획한 류비세프에 대해 감탄이 나왔다. 나는 아직 그렇게는 못하기 때문이다. 이런 엄청난 사람의 이야기가 책으로 나오지 않았다면 우리는 아마도 모르고 지나갔을 것이다. 그리고 책을 읽지 않았다면 책의 내용을 알지 못했을 것이다. 책은 시간이 지날수록 가치가 더한다고 한다. 당신의 8시간은 어떠한 가치를 더해서 보낼 것인지를 이제 결정해야 한다. 우리가 류비세프가 될 수는 없겠지만 이를 벤치마킹해서 나만의 독서시간을 만들어보자.

8-8-8 법칙을 통해서 당신에게 주어진 8시간을 황금시간으로 만들어보자. 황금시간을 독서의 시간으로 활용해보자. 당신의 8시

간에서 얼마나 독서에 시간을 투자해야 하느냐에 따라 한 달, 6개월, 1년 후의 당신은 달라질 것이다. 특별해서 책을 읽는 것이 아니다. 특별해지기 위해서 책을 읽는 것이다. 나 또한 특별해지기 위해 책을 읽기 시작했다. 그리고 이렇게 책까지 쓸 수 있다고 말할 수 있다. 당신의 시간은 돈보다 더 귀한 것임을 잊지 말아야 할 것 같다. 나는 과연 시간의 부자로 살 것인지, 빈곤자로 살 것인지 결정할 순간이다. 스스로에게 물어보자. 과연 나는 어떤 선택을 할 것인지.

07
지칠 때까지
읽지 마라

그 어떤 것에서라도 내적인 도움과 위안을 찾을 수 있다면
그것을 잡아라.　　　　　　　　　　　－ 마하트마 간디

책 읽기는 1권으로
시작하는 것

2015년 하반기가 시작되던 날, 나는 특별한 결심을 했다. 일명 '책 100권 읽기 프로젝트'다.

시작하면서 성공할 수 있을지 자신은 없었지만, 시작이 반이라는 말이 있듯이 일단 도전했다. 오랜만에 책을 읽었는데도 참 재미있게 읽기 시작했다. 처음으로 읽은 책이 《메신저가 되라》라는 책인데, 이 책을 읽는 순간 내가 왜 책을 읽어야 하는지를 설명해

주는 것 같았다. 메신저라는 직업이 한국에서는 생소하지만, 외국의 경우에는 굉장히 활발하게 활동하고 있는 직업군이다. 그 책을 기점으로 내가 앞으로 나아가야 할 방향과 소명에 대해서 진지하게 고민할 수 있는 계기가 되었다. 누군가에게 롤모델이 된다는 것, 누군가의 멘토가 되어준다는 것에 대한 소명에 대해 고민하기 시작하였다. 지금도 나의 소명에 대해 100% 확신을 가지고 있는 것은 아니지만, 앞으로 계속 책을 통해서 찾아나갈 것이라고 생각한다.

어떤 책이든 중요하지 않은 책은 없다고 생각한다. 책을 읽는 순간만큼 열정적으로 읽어야 한다고 생각한다. 당신의 열정을 책에 쏟아 부어라. 그 안에 숨은 메시지를 찾기 시작하면 1권이 2권이 되고 100권이 되는 그 순간이 찾아 올 것이다. 누구나 시작은 미약하지만, 그 끝은 창대하리라는 말을 기억하고 시작해보자.

책 한 권이 365권이 되는 그 순간까지

나는 책을 하루에 한 권씩 차례로 읽기 시작하면서 많은 것을 흡수하기 위해 노력했다. 꼼꼼히 읽으면서 중요한 곳이라고 생각되는 곳은 밑줄도 긋고, 별표나 동그라미를 만들고 최종적으로는 서평까지 남기게 되었다. 어떤 일이라도 시작이 있으면 끝이 있는 것처럼 하루에 한 권이 97일 만에 총 100권을 읽는 시기가 왔다. 중간 중간 목표치에 미달한 날도 있었지만 나만의 약속을 지키기 위해 부단히 노력했었다. 그때에 읽었던 책 중에는 이지성, 정회일의《독서천재가 된 홍대리》라는 책이 있었다. 여기에는 단계별로 책을 읽는 것을 추천하는데, 이 방법에 대해 알아보자.

첫 번째 단계, 무조건 두 권 읽기

어떤 책이든 일단 두 권에 도전해서 읽어 보기인데 본격적인 독서를 시작하기 전에 워밍업하는 단계라고 볼 수가 있다. 처음 책에 흥미를 느끼기 위한 것인데, 한 권을 재미있게 읽으면 두 권도 재미있게 읽을 수 있다.

두 번째 단계, 도전 100일 33권 읽기

초반에 독서습관을 잡기 위해서인데, 독서법 첫 단계는 독서습관을 제대로 잡는 것에 중점을 두기 위해서 3일에 한 권씩 규칙적으로 책을 읽는 것이다. 이제 제대로 책을 읽기 위한, 시작하는 단계다.

세 번째 단계, 100일 동안 CEO 10인 만나기

CEO를 만나 인터뷰를 하는 일은 준비하는 과정부터 그 사람에 대해 공부하는 일까지 모두 포함되는 일이다. 만나기 힘든 사람을 만나기 위해 최선을 다해 아이디어를 생각하고 정성을 들이는 간절한 마음을 품는 것도, 서점에서 쉽게 책을 사서 읽는 것과는 또 다른 차원의 일이다. 만약 나라면, 작가 10인을 만나는 것을 해볼 것 같다. 요새는 저자들이 독자들을 가까이서 만나기 위해 저자 콘서트 혹은 출간기념회 같은 만남을 만들고 있다. 생생하게 저자의 시선과 생각을 들을 수 있는 최고의 기회가 될 것이다. 더불어 책에 내 이름과 저자의 사인까지 받을 수 있는 절호의 기회이니 꼭 가보기를 권한다. 작가들의 사인을 받은 책들은 나에게 더욱 특별한 책이 되기도 한다.

네 번째 단계, 1년 365권 읽기

하루에 한 권씩 읽는 1일 1독을 실행하는 것이다. '눈'과 '머리'가 아닌 '심장'과 '몸'으로 하는 1년 365권 독서는 어렵다. 아니 자기 자신과의 극한의 투쟁을 요구한다. 그렇기 때문에 1년 365권 독서를 제대로 마친 사람은 뇌의 사고하는 방식을 바꿀 수가 있는 것이다.

마지막 단계까지 거친 사람들은 공허한 감정을 많이 느낀다고 한다. 그저 권 수를 채우기에 급급한 독서를 했기 때문이라고 책에서 얘기하고 있다.

나 또한 365권이 아니더라도 매일 한 권씩 100일간 실행할 때 공허함과 우울함이 내 옆에 다가오고 있다는 것을 잘 몰랐었다.

100권 이후 우울함이
나의 곁으로 다가오다

365권이라고 하면 하루에 한 권을 읽는 것인데, 이 프로젝트의 핵심은 인내심이라는 생각이 들었다. 1일 1독을 딱 100권까지 끝내자 믿기지 않을 만큼 우울증이 찾아왔다. 목표가 있었고, 방향이 있었기에 100권을 시작하면서 나도 모르게 브레이크 없는 추진력을 받았던 것 같다. 힘들다는 생각이 들었지만, 하기로 결심한 일이라 생각했기 때문에 꾹 참고 견뎠던 것인데 그것이 나에게는 계속 스트레스로 다가왔던 것 같다. 100권을 딱 채우는 순간 활화산처럼 폭발했다. 잠시 쉬면서 재정비를 하고 시작해야지 했는데, 책에 대한 몰입도가 급격히 떨어지기 시작했고, 우선 순위를 두어야 하는 것들이 늘어가자 1일 1독을 하지 못할 상황이 생겼고 더욱 심적으로 지치게 되었다. 이때쯤이었을까? 독서토론을 하는 자리에서 책에 대해 이야기를 하면서 나도 모르게 눈물이 나와 펑펑 울었다. 감정 컨트롤이 안될 만큼.

"책 100일간 100권 읽었으면 그만 읽으세요."
"멘토님, 그래도 어떻게 안 읽어요? 읽어야 할 것 같은데요."
"100권 읽었으면 당분간은 좀 쉬고, 책을 읽더라도 하루에 한 권을 읽지 말고 조금씩 읽으세요."

나의 멘토님에게 이런 말을 듣고 나니 순간 무엇인가 내 몸에서 빠져나가는 느낌이었다. 누군가 나에게 마치 이제 그만하라고 얘기 하는 것처럼 말이다.

나는 평소에 나를 벼랑 끝까지 미는 습관을 가지고 있는데, 그 습관이 책 읽기에도 그대로 나왔다. 한 쪽 마음은 '읽어야 한다'와 다른 쪽은 '한 템포 쉬자' 라는 마음이 양존해 있었는데, 아마도 계속 읽으라고 스스로에게 채찍질 한 것 같다. 그로 인해서 마음의 여유가 없어지는 것을 알아채지 못한 것이다. 내 마음에게 참 미안하다는 생각이 들어서 그날부로 책 읽기를 그만두고 일주일간 방황했다.

더 높은 곳을 향해
한 템포 쉬어가는 것이다

일주일간의 방황은 나에게 한 단계 성장할 수 있는 기회를 주었다. 스스로에게 끝까지 해내야 한다고 무리하게 요구하지 않게 된 것이다. 이제는 시간이 되는 한 조금씩이라도 매일 책을 읽어보자고 스스로에게 얘기하고 있다.

내가 이 책을 통해 나의 이야기를 하는 이유는 나처럼 시행착오를 겪지 말라고 얘기하고 싶기 때문이다. 시간적 여유가 있다면 1일 1독을 해주면 좋지만, 시간이 되지 않는데 처음부터 무리한 계획을 세워서 스스로에게 스트레스를 주지 말라는 것이다. 그렇게 되면 책을 읽는 게 즐겁지 않게 된다. 무릇 독서란 즐겁게 읽고 그 안에 있는 소중한 지식을 내 것으로 만드는 데 목적이 있다. 이왕이면 즐겁고 행복하게 책을 읽어야 한다.

08

목차에서 눈이 가는
챕터부터 읽어라

단순히 읽기 시작했다는 이유만으로 결코 책을 끝까지 읽지 말라.
- 존 위더스푼

책을 어디부터
볼 것인가

만약 누군가가 나에게 책을 볼 때 그냥 첫 장부터 읽는가, 아니면 목차를 살펴보는가? 라고 물어본다면 나는 목차를 유심히 살펴본다고 대답할 것이다. 각 장의 제목을 살펴보고 각 장 안에 있는 소제목을 살펴보는 것으로 독서할 준비를 한다.

예를 들어 달리기를 한다고 생각해보자. 달리기를 하기 전에 스트레칭 등으로 가볍게 몸을 푸는 준비운동을 한다. 이렇게 준비운동을 하는 이유는 갑자기 운동을 하게 되면 근육에 무리를 줄 수 있기 때문이다.

책을 읽을 때도 준비운동이 필요하다. 몸으로 하는 건 아니지만, 책을 훑어보는 것으로 준비운동을 시작해보자. 책을 읽기 위해서 어떻게 준비운동을 시작할까?

첫 번째, 책의 겉표지와 뒷표지를 살펴본다.
여기에는 대개 작가나 출판사가 얘기하고자 하는 내용을 함축적으로 적어 놓는다.

예를 들어 임원화 작가의《하루 10분 독서의 힘》을 보면, 첫 표지에 누구나 꿈을 이루는 10분 혁명 프로젝트, '하루 10분 만 책에 미쳐라!' 와 '인생을 바꾸는 순간 몰입 38법칙' 이렇게 두 문장이 적혀있는데, 이걸 살펴보면 하루에 딱 10분만 책에 미치면 누구나 꿈을 이룰 수 있다는 생각이 든다. 작가가 진짜 하고 싶은 이야기라고 볼 수 있다.

뒷표지에는 하루 24시간 중 10분은 현재와 미래의 성공을 결정짓는 핵심 키워드라고 얘기하고 있다. 하루 24시간이라는 시간은 길다고 느낄 수도 있지만, 실제로 잠자는 시간과 회사에서 일하는 시간을 계산해보면 하루에 8시간 정도만 나에게 주어진다. 그 8시간도 온전히 나에게 투자할 시간이 주어지지 않는 것이다. 하지만 10분은 굉장히 작은 시간이지만 나에게 투자하는 시간을 만드는 것, 즉 독서시간을 단 10분 만이라도 만드는 것이 제일 중요하다. 하루 10분 투자에 성공한다면 30분, 1시간 성공하기란 쉬워질 것이다.

두 번째, 책 안의 목차를 살펴보자.

보통 한 권의 책은 5장 정도로 구성되어 있는 경우가 많은데, 각 장은 8개 정도의 목차로 구성된다. 챕터를 살펴보면서 눈이 가는 제목이 있는지 천천히 살펴보고 마음에 닿는 챕터가 있다면 체크를 하고 읽어보는 것이다. 단, 소설책의 경우에는 처음부터 읽어야지 내용이 연결이 되기 때문에 소설만큼은 첫 장부터 읽기를 추천한다.

카트린 지타의 《내가 혼자 여행하는 이유》에서 작가는 이렇게 얘기하고 있다.

> 모든 여행은 길을 떠나고, 앞으로 나아가고, 도착하는 것으로 이루어진다. 이 책 또한 같은 방식으로 구성되었다. 여러분이 순서대로 읽을 것을 가정하고 썼지만, 굳이 순서대로 읽지 않아도 된다. 관심이 가는 글부터 읽어 나갈 수도 있다. 예컨대 몸에 밴 성가신 습관을 여행을 하면서 어떻게 버릴 수 있는지가 가장 시급

한 관심거리라면 '어떤 여행은 돈만 허비하게 하고, 어떤 여행은 인생을 바꾼다' 부분부터 읽어보면 된다. 혹은 여행을 떠나 레스토랑에서 혼자 저녁 식사를 하는 것이 두렵고 어찌해야 할지 모르겠다면 곧장 '스스로 대접할 줄 아는 여행자만이 세상의 대접을 받는다'로 들어가도 무관하다. 또는 무엇보다도 당신의 커리어가 걱정된다면 '평생 하고 싶은 내 일을 찾는법'부터 읽어도 좋을 것이다.

이렇게 작가도 눈이 가는 챕터, 마음이 가는 장부터 읽으라고 얘기해 주고 있다.

책 읽기를 두려워하지 않고 즐겁게 읽을 수 있는 방법은 눈이 가는 목차부터 읽는 것이다. 나의 얘기를 해보자면 책을 읽을 때면 목차를 보면서 내 마음에 들어오는 챕터를 먼저 살펴본다. 그리고 그 챕터부터 읽고 나서 다른 장을 본다. 그러면 다른 챕터들의 내용이 궁금해져서 계속 읽게 만드는 힘이 생기게 된다. 즉, 책을 읽을 때도 동기가 필요하다는 얘기이다.

다른 종류의 책을 볼 때도
똑같이 적용해 보는 재미

나 또한 책을 읽을 때 언제나 쉽게 재미있게 읽을 수 있다면 행복하겠지만, 교재를 볼 때면 술술 읽히지 않는다. 특히, 처음 배워 나가는 수업을 들을 때는 너무 힘들다. 그래서 책을 볼 때 사용하는 방법을 교재에도 한번 적용해 보기로 했다. (현재 나는 남서울 대학원 치위생학과 석사과정 중이다.) 역학이라는 과목의 500페이지 이상인 책인데, 학교에서 배우는 교재들의 두께는 대부분 이 정도 수준이다. 빼곡한 글자들과 모르는 용어 투성이인 책, 말 안해도 독자들은 공감할 것 같다. 책의 두께가 두꺼운 만큼 보기만 해도 숨이 턱턱 막히는 것 같았다. 교수님께서 꼭 읽어야 하는 챕터를 선별해 주셨고 그 중에서 나는 마음에 드는 하나를 찾았다. 그 챕터부터 읽고 나니 다른 챕터도 궁금해져서 교수님이 꼭 봐야한다고 했던 챕터를 그날 다 읽었던 경험이 있다. 만약에 순서도 없이 처음부터 보다가 지쳐서 읽지 않아 버리면 나는 수업을 들을 때 재미도 없고, 지루해지지 않았을까하는 생각이 든다.

여러 장르의 책을 읽다가 인문학 책을 읽게 되었다. 인문학은 왠지 딱딱하고 어렵게만 느껴져서 어떤 책을 읽을까 고민 중이었는데 지인이 《지금 시작하는 인문학이》이라는 책을 추천해 주었다. 이 책은 총 7장으로 구성이 되어 있어서 하루에 몰입해서 보는 것도 좋지만, 나누어서 생각하며 보기로 결정했다. 각 장을 천천히 살펴보다가 2장에 회화편이 가장 눈에 띄었다. 그 중에서도 고흐 챕터가 가장 마음에 들어서 고흐 편을 보기 시작했는데 너무 재미있게 얘기를 풀어 놓아서 그 장을 단숨에 보았다. 보는 내내 재미있었고, 즐겁게 책을 읽는다는 것이 이렇게 나를 행복하게 해주는구나 하는 생각이 들었다.

1일 1독의
재미에 빠지다

나도 처음 시작할 때 이렇게까지 읽을 줄은 몰랐다. 하루에 한 권을 읽다니……. 만화책을 하루 종일 20권 이상 본 적이 있긴 했지만, 그냥 책을 읽을 때는 1주일에 한 권 읽으면 다행이라고 생각하며 살아왔다. 대부분 책을 처음부터 읽어서 책이 지루하거나 재미가 없으면 그 다음으로 넘어갈 수 없어 한 달 만에 읽은 책들도 있었다. 항상 책들이 흥미만을 주는 것은 아니지만, 중간에서부터 읽어서 책 한 권을 다 읽게 되는 마법이 이루어지기도 한다.

책 읽는 것을 두려워하지 말라고 말해주고 싶다. 책이야말로 우리에게 사회에서는 배울 수 없는 것을 알려주기도 하고 내가 힘들

때 친구처럼 내 옆을 지켜주기도 한다.

이렇게 읽은 책 한 권 한 권이 어느새 백 권, 천 권이 될지는 아무도 모르는 것이다.

김병완의 《오직 읽기만 하는 바보》를 보면 이렇게 말한다.

대한민국을 대표하는 위대한 작가 중에 1000권의 책을 읽고 작가가 된 사람이 있다. '국민작가'라는 명칭을 갖고 있는 이문열이다. 3년 동안 1000권의 책을 읽게 되자 작가 지망생에서 내공이 쌓인 작가로 거듭 난 것이었다.

이렇게 한 권의 책은 또 다른 책을 읽을 수 있는 힘을 만들어 준다.

자, 이제 책을 볼 때 무조건 첫 장부터 읽어야 한다는 고정관념을 버려라. 내가 읽고 싶고, 눈이 가는 챕터부터 읽어라. 그러면 어느새 책에 흥미를 느낄 것이고, 하루에 한 권 읽는 것이 어렵게만 느껴지지 않을 것이다. 이제 눈이 가는 챕터부터 시작하라. 그러면 어느 순간 그 책을 다 읽고 책장을 덮는 나를 발견할 것이다.

독서의 묘미는 책장을 한 장 한 장씩 넘길 때마다 행복함을 느끼는 것이다. 나에게 책을 읽는다는 것은 휴식과 같다. 물론 여행을 가거나 좋은 사람들과 함께 시간을 보내는 것도 휴식이지만, 책을 읽을 때 진짜 휴식처럼 느껴진다. 책을 읽을 때면 특별한 옷차림은 하지 않아도 되고, 편하게 집에서 읽을 수도 있기에 시간이나 공간에 제약이 없어서 더 그런 것 같다.

Part 3

1일 1독, 독서 활용의 기술 7

01

나만의 독서노트와
파란 펜으로 메모하고 체크하라

독서는 완성된 사람을 만들고, 담론은 재치있는 사람을 만들고 필기는 정확한 사람을 만든다.   - 프란시스 베이컨, 영국의 정치가, 철학자

독후감 자체가

스트레스야

"주말 동안 책 읽고 독후감 써서 제출하세요."

"선생님, 몇 줄 이상 써야 해요?"

"10줄 이상 쓰고 마지막에는 느낀 점을 적어 제출하세요."

" 선생님 너무 길어요. 줄여주세요."

초등학교 다닐 때, 독후감을 제출하라는 담임 선생님의 말씀에

친구들이 모두 길다고 줄여달라고 아우성을 쳤던 기억이 난다. 책을 읽는 건 누구보다 자신있는 나였지만, 독후감을 쓰는 건 자신이 없었기 때문이었다. 그리고 숙제라고 하니 스트레스가 이만저만이 아니었다. 책에서 8줄 가까이는 그대로 베껴 쓰고, 두 줄 정도만 내 생각을 적었던 것 같다. 내가 하고 싶은 일을 할 때는 신나고 즐겁게 했는데, 누가 시키니 하기가 더 싫어졌다. 나도 초등학교 시절, 독후감 때문에 스트레스를 받았는데, 아들이 초등학교에 입학을 하니 독서록이라는 것을 써야 했다. 학생들의 독서습관을 들이기 위해서 학교차원에서 하는 프로그램이었다. 매 학기마다 몇 권을 읽었느냐에 따라 상장을 준다. 애들이나 엄마들이나 나중에라도 이 상장이 쓸모가 있을지도 모른다는 생각에 열정적으로 아이들에게 반강요로 책을 읽히게 된다. 하지만 이런 교육이 정말 효과가 있을까 하는 생각이 든다. 다르게 생각을 해보면 얼마나 책을 읽지 않으면 이제는 이렇게라도 강제적으로 책을 읽으라고 하는 걸까 라는 생각이 들기도 했다. 우리집 아이도 책 읽는 것을 좋아하긴 하지만 쓰는 것을 좋아하지는 않아서 매주 독서록을 검사받는 날이면 독서록과 씨름을 하곤 했다. 더 이상 책 읽는 게 즐겁지 않은 스트레스인 것이다.

다이어리처럼 독서노트를
마련하고 메모하라

매년 새해가 되기 전 12월에는 새로운 다이어리를 장만해서 다음 해를 어떻게 보낼지 계획을 세운다. 매달 일정에 빡빡하게 적어 넣으면서 '한달도 열심히 살았다, 다음 달도 열심히 살아야지'라는 의미의 문구를 넣기도 한다. 그래서 나에게 다이어리는 특별히 더 소중한 물건이기도 하다. 대부분 다이어리를 가지고 있겠지만 쓰다보면 자기만의 특별한 다이어리가 만들어지게 된다. 그렇게 그 다이어리는 나만의 보물이 된다.

독서노트도 처음엔 평범한 한 권의 노트일지는 모르나 그 안에 내용이 채워지고 나면 나만의 특별한 노트가 되는 것이다. 독서노트를 어떻게 써야 할지 모르겠다면, 다른 사람들은 어떻게 독서노트를 쓰고 있는지 블로그나 홈페이지 등에서 찾아보고 내 것으로 만들면 된다.

나는 어썸피플, 초인, 용쌤이라는 분의 블로그를 보면서 감탄했다. 독서노트 작성방법을 알려주는데, 실제 본인이 사용한 80권이 넘는 독서노트를 사진으로 보여주셨기 때문이었다. 역시 독서의 고수님들은 다르다. 이 분의 방법을 살펴보자.

첫째, 책에서 가장 마음에 들었던 문장 다섯 개를 뽑아 적는 걸로 독서노트를 시작하라.

책에는 무수한 문장들이 있다. 하지만 그 문장들이 다 중요한 것은 아니다. 사람마다 중요하다고 생각되는 부분들은 다를 것이다. 그 많은 문장 중에서 딱 5개만 뽑아서 적는 것으로 시작하는 것이다.

둘째, 다섯 문장을 옮겨 적었다면 그 옆에 그 문장을 읽고 떠오른 생각들을 적어라.

그 문장들마다 한 두번씩 되뇌이면서 그 문장에 대해서 생각하고 떠오르는 것을 적는 방법이다.

셋째, 주기적으로 내가 적었던 독서노트를 읽어 보라.

사람의 생각은 마음의 상태에 따라서 계속 변하기 때문에 시간이 지난 후에 다시 한번 읽으면서 생각을 정리해 본다.

넷째, 선입견을 버려라.

나도 이 말에 동의한다. 독서노트를 쓰면서 형식에 얽매이기 시작하면 더 이상 쓰기가 싫어질 수도 있다. 그렇기 때문에 지치지 않게 자유롭게 쓰기를 권유한다.

무엇이든 일단 시작해보는 것이 중요하다. 누구나 모방으로 시작하지만 결국에는 나만의 방법을 만들어 볼 수 있다. 나는 특별히 독서노트를 마련하지는 않고 여러 가지를 시도해 본 결과 책을 활용해서 노트처럼 사용하거나 나중에라도 다시 볼 수 있게 블로그에도 올리고 있다.

펜이 중요할까?
펜의 색이 중요할까?

독서를 하면서도 꼭 필요한 것이 있는데 그것은 펜이다. 펜도 여러 종류가 있어 각자 취향에 맞게 골라쓰면 된다. 나는 개인적으로 핑크색을 굉장히 좋아하지만, 독서를 할 때는 기본색으로 파란 펜을 쓰고 있고, 조금 더 중요하다고 생각되는 부분은 핑크색으로 별표나 동그라미로 표시해주고, 마지막으로는 형광 펜으로 한 번 더 색을 칠한다. 파란 펜을 가장 많이 쓰는 이유는 차분해지는 느낌이 들어서다.

일본 프로야구를 대표하는 전설적인 명포수 후루타 아쓰야와 다니시게 모토노부는 왜 파란색 포수 미트를 썼을까? 포수가 파란색 미트를 꼈을 때 투수의 집중력이 높아졌기 때문이다. 실제로 투수의 컨트롤을 테스트하는 실험에서 파란색 매트를 던질 때 컨트롤이 좋아졌다는 결과가 나왔다. 파란색 트랙이 최초로 사용된 2009년 베를린 세계육상대회에 참가한 선수들이 왜 하나같이 집중력이 높아졌다는 발언을 쏟아냈을까? 파란색에는 대체 어떤 놀라운 힘이 숨겨져 있기에 이러한 마법과 같은 일이 벌어지는 것일까?

　행동심리학 관점에서 파란색은 흥분 상태를 가라앉히는 '진정 효과'가 높다고 판명되었다. 실제로 환락가로 유명한 영국 뷰캐넌 스트리트의 가로등을 주황색에서 파란색으로 바꾸면서 범죄 발생률이 격감했고, 일본 나라 현에서도 최초로 파란색 가로등을 도입하자 범죄 건수가 2만 1365건에서 1만 8299건으로 대폭 감소된 결과가 나타났다. 파란색의 '진정 효과'가 범죄 예방으로 이어진 것이다. 사람의 뇌는 파란색을 보면 시상하부에 자극을 받아 세라토닌이 분비되어 이러한 진정 효과가 나타나는 것이다. 세라토닌은 또한 단기 기억을 장기 기억으로 바꿔주는 호르몬이다. 이러한 파란색의 효과에 대해서는 아이카와 히데키의 《파란 펜 공부법》이라는 책에 나와 있다. 물론 모든 사람이 다 똑같이 파란색을 써야 한다는 얘기가 아니라 좀 더 몰입도를 높여주는 효과가 있는 것 같으니 한 번쯤은 시도해 보라는 것이다. 꼭 펜을 준비해서 책을 읽으라고.

　당신만의 독서노트가 없다면 즉시 해보라. 그리고 짝꿍인 펜을 준비해서 책에서 읽은 내용들을 정리하기도 하면서 독서노트를 마무리 해보자. 지금은 얼마 되지 않은 양이라도 한 권씩 한 권씩 쌓이는 만큼 나의 마음도 풍성해질 것이다. 당신의 평범함을 독서노트로 비범하게 만들어 보는 것은 어떨까?

02
스타벅스를 당신의 독서공간으로 만들어라

돈이 가득 찬 지갑보다는 책이 가득 찬 서재를 갖는 것이
훨씬 좋아보인다.   - J. 릴리, 영국 작가

집 앞에는 서점이 두 군데가 있는데, 하나는 교보문고이고, 다른 하나는 중고서점인 알라딘이다. 이 두 서점을 일주일에 3회 이상 찾는 거 같다. 서점에 가면 책장마다 책이 가득 찬 것을 보면 너무 행복하고 흥분된다. 그런 이유로 나는 백화점에 쇼핑가듯이 즐거운 마음으로 서점에 간다. 서점에 가서 이 책 저 책을 살펴보면서 책을 한번 훑어보는 편이다. 그러다가 정말 마음에 들어서 지금 읽고 싶다는 생각이 들면 사가지고 나온다.

서점 근처에는 스타벅스가 두 군데가 있는데, 그 중 한 곳에 자리를 잡고 책을 읽기 시작한다. 어느 날 스타벅스 CEO 하워드 슐

츠가 쓴 《온워드》라는 책을 읽게 되었는데 스타벅스를 이룬 열정을 읽을 수 있었다.

전 세계적으로 사람들이 제일 좋아하는 카페는 어디일까? 아마도 스타벅스가 아닐까 생각해 본다. 사람들이 스타벅스에 열광하는 이유는 무엇일까? 단순히 커피가 맛있어서 혹은 사람을 만나기 위해 가는 이유도 있지만 아마 나와 같은 이유로 가는 사람들도 많이 있을 것이다. 내가 스타벅스를 가는 이유는 사람을 만나기 위해서가 아니라 책을 읽기 위해서 간다. 내가 서점을 자주 가는 것은 새로 나온 책들을 구경하기 위해서인데, 이 때 맘에 드는 책을 구입하면 바로 스타벅스로 간다. 스타벅스에 가서 아메리카노 한 잔과 함께 책을 읽는 그 순간이 최고로 행복하다.

원래 집과 직장에서 주로 책을 읽었는데, 집은 아무래도 아이들이 있어서 방해도 많고, 직장에서는 일을 해야하기 때문에 책을 읽는 몰입도가 떨어져서 어느 때부터인지 스타벅스로 가서 책을 읽게 되었다.

얼마 전 지인 P를 만나면서 했던 이야기다.

"오랜만이야. 그 동안 잘 지냈어? 나 이 책 읽어봤는데, 너에게 도움이 될 것 같아서 선물로 가져왔어."

"언니, 고마운데 난 책 읽을 시간도 없지만, 책 읽을 장소가 없어."

"없긴 왜 없어. 없으면 만들면 되는 거지? 나도 집에서 책을 읽는 게 편하지 않아 스타벅스에 가서 책을 읽는 편이 더 좋은데? 너도 한번 가서 읽어봐, 생각보다 좋다구. 왜 가야 하는지 언니가 얘기 좀 해줄까?"

"응"

"첫째, 새로운 환경을 들 수 있지. 나 같은 경우에는 책을 읽다 보면 자꾸 아이들이 왔다 갔다 방해가 되서 집중이 안 돼. 그렇다고 애들을 혼낼 수도 없고, 그러다 보면 집안 일을 해야할 것 같은 느낌도 계속 들고, 그래서 전혀 신경 쓰지 않아도 되는 스타벅스에 가서 한두 시간 책을 읽고 오는 게 편하더라. 둘째, 대다수의 카페는 음악을 틀어주고 있는데, 시끄러운 음악은 독서의 몰입도를 떨어지게 해. 하지만 조용하고 잔잔한 음악은 오히려 몰입도를 높이는 거 알아? 가끔 책을 읽다가 지치면 조용히 고개를 들어 음악을 들으면서 기분 전환도 하면 다시 책을 읽을 맛이 나지. 셋째, 다양한 사람들이 한 공간에 있어서 무료하지 않아. 책은 오롯이 혼자서 읽지만 분위기라는 것도 무시를 못하지. 사람은 분위기를 많이 타잖아. 이왕이면 스타벅스에 가서 친구와 담소를 나누는 사람들, 취업을 위해 자격증 공부하는 사람들, 나처럼 책을 읽는 사람이 모여 있는 공간에 가서 보는 거지. 공부하기 위해서 스타벅스로 와 있는 사람들은 굉장한 에너지를 내뿜고 있어서 왠지 나도 독서에 몰입을 해야 할 것 같은 생각이 들어서 굉장히 기분이 좋

아. 너도 그 기분을 한번 느껴봤으면 좋겠어."

"언니 근데 그 이유뿐이면 그렇게 매력적이지 않은 거 아니야?"

"그럼 이 이유를 들으면 가야겠다 싶을거야. 바로 적당한 소음이 있기 때문이야."

"소음?"

"응, 소음 말이야. 2012년도 3월 미국 시카고대 소비자연구저널에 따르면 50~70DB의 소음이 완전한 정적의 환경에서보다 집중력과 창의성을 높이는 데 도움이 된다는 연구 결과가 있어. 이때 50~70DB의 소음을 '백색 소음'이라고 하는데, 백색 소음을 듣고 있으면, 집중력이 약 48%, 기억력은 약 10% 증가하고, 스트레스 지수는 약 29% 감소하는 효과가 있어. 놀랍지 않아? 같은 분량의 책을 읽을 때 걸리는 시간이 약 14%나 단축되는 효과를 보이는 거지, 어때? 이래도 안 갈래?"

한 달 후, P와 통화를 하게 되었는데 내 말대로 했더니, 전보다 책을 읽을 때 더 몰입해서 읽을 수가 있어서 시간이 나는 대로 스타벅스로 간다고 한다.

굳이 스타벅스에 가서 책을 읽을 필요가 있을까 하는 생각이 들 것이다. 나 같은 경우에는 집 근처에 10개가 넘는 카페가 있는데 절반 정도는 소규모이다. 아무래도 소규모이다보니 몇 시간씩 앉아있기가 눈치 보여서 편하게 책을 읽지 못한다. 주위에 있는 다른 프랜차이즈 카페도 가봤지만 책 읽는 사람이 많기는커녕 얘기를 나누기 위해서 온 20대 남녀들이 많아서 시끄러워서 책을 읽을 수가 없었다. 그래서 그나마 사람이 많아도 책을 읽거나 공부하는 사람이 많은 스타벅스로 가는 것이다. 이는 스타벅스만의 특유의 문화도 영향을 끼치는 것 같다.

얼마 전에 읽은 스타벅스의 CEO 하워드 슐츠의 《온워드》를 보자.

스타벅스는 커피와 연관된 여러 위대한 전통을 간직한 채 성장해왔다. 여러 세기를 걸치는 동안, 커피 원두는 시적이면서도 한편으로는 매우 정치적인 상징이었다. 카페라는 공간에서 수많은 시인들의 영감과 작품이 탄생했고, 정치인들의 수많은 논쟁과 토론들이 오고 가지 않았는가.

지금 내가 이야기 하는 공간은 카페로서의 스타벅스가 아닌 독서공간 즉 서재로써의 공간을 이야기하는 것이다. 나에게는 나를 위해 차를 대접하고 책을 보기 위해서 가는 공간이지만, 다른 카페나 책을 읽을 공간이 있다면, 그 곳을 이용하는 것도 좋은 방법이다.

    나만의 책을 읽을 수 있는 공간을 만들어보는 것은 어떨까? 멀리서 찾지 말고 가까운 곳에서 찾아보자.

03

블로그에 책에 대한 서평을 남겨보라

가장 중요한 책은 없다. 가장 중요한 것은 그대 자신이 무엇을 생각하느냐 하는 것이다.   - E.허버트, 컬럼비아 단과대 학장

**책을 읽는
나의 마음은**

독서의 묘미는 책장을 한 장 한 장씩 넘길 때마다 행복함을 느끼는 것이다. 나에게 책을 읽는다는 것은 휴식과 같다. 물론 여행을 가거나 좋은 사람들과 함께 시간을 보내는 것도 휴식이지만, 책을 읽을 때 진짜 휴식처럼 느껴진다. 책을 읽을 때면 특별한 옷차림은 하지 않아도 되고, 편하게 집에서 읽을 수도 있기에 시간이나 공간에 제약이 없어서 더 그런 것 같다. 책을 읽다보면 어느

샌가 책장을 덮을 때가 온다. 그럴 때면, 책 한 권을 다 읽은 것에 대해 아쉬움이 남는다. 아쉬움과 설렘은 상반된 의미를 가진다. 책을 대하는 나의 마음이다.

나의 책에 대하는 모습을 간단히 얘기하자면 5가지로 말할 수 있다.

첫 번째, 상상한다.

책의 표지를 만나는 순간에 이 책에는 어떤 내용을 알려줄까 하는 생각을 곰곰이 해본다. 책 제목에서 많은 것을 알려주기 때문에 상상력을 발휘해서 책의 내용을 한번 추측해보는 것이다. 나의 상상과 다를 때도 있지만, 내가 생각했던 것과 다른 것은 무엇인지 찾아보는 재미도 있다.

두 번째, 책의 목차를 보면서 좀 더 꼼꼼히 살펴본다.

목차를 보면 책에 대한 내용들을 전체적으로 아우르고 함축하고 있기에 구체적으로 상상할 수 있다.

세 번째, 책의 내용을 쭉 읽어본다.

시간이 있다면 한 권을 전부 다 읽어보는 것도 좋고, 시간이 없다면 한 챕터 만이라도 읽어보면서 머릿속으로 정리를 해본다. 그리고 이 안에서 정말 하고 싶은 이야기가 무엇인지 한 문장으로 압축해 본다. 나의 상황을 어떻게 대입해 볼지, 아니면 나라면 어떻게 할 것인지에 대해서 생각해보는 것이다. 그리고 결론을 내려본다.

네 번째, 책의 마지막 장을 덮으면서 마지막 표지까지 꼼꼼히 살펴본다.

책의 마지막 장을 보면서 내가 정리했던 내용을 한 번 더 고민해보고 생각해보는 것이다. 이렇게 하다보면 단계별로 나의 생각을 정리할 수 있어서 특별히 책을 다시 뒤적거릴 필요가 없다.

다섯 번째, 책의 안쪽에 나만의 서평을 적어본다.

특별한 경우가 아니라면, 나는 글을 길게 쓰기보다는 5줄 내외로 나만의 서평을 짤막하게 적는다. 이 책에서 내가 느꼈던 감정 위주로 말이다. 책을 읽은 날짜와 서명으로 마무리 한다. 책을 읽은 날짜를 적는 이유는 책을 한 번만 보고 지나칠 것이 아니라, 두 번, 세 번 보게 될 때, 내가 언제 읽었는지, 그때의 내 생각은 어땠는지 책을 읽을 때마다 생각이 조금씩 바뀌는 것을 알 수 있기 때문이다. 서명은 'end'를 의미한다. 우리가 무엇가를 할 때에 마침표의 의미로 서명을 하는 것처럼 나도 책을 읽고 마무리를 했다는 의미로 사용한다.

　이렇게 하다보니, 책을 읽는 재미가 붙어 다음 책을 읽을 때는 어떤 생각을 할지 궁금해지기도 했다.

　사람마다 책을 읽는 습관이 다르기 때문에 지금 내가 하고 있는 방법이 정답은 아니다. 하지만 다른 사람들이 하는 방법을 사용하면서 나만의 것을 찾아가는 것이다. 모방은 창조를 만든다는 말이 있듯이 다른 사람의 것을 모방으로 시작해서 자기만의 독서습관을 찾아보자.

블로그에
서평을 남겨보자

　책에 대한 서평을 혼자만 알기보다는 여러 사람들과 함께 공유해보자. 책에 대한 시각은 사람마다 다르기 때문에 다른 사람의 생각을 아는 것은 굉장히 중요하다. 책 한 권을 가지고도 10명의 생각이 다 다르고, 내가 그 책에서 중요하다고 생각하는 부분조차 다르기 때문이다.

　내가 하고 있는 방법은 일주일에 한 번씩 책 한 권을 선정해서 토론하는 모임에 참여하는 것이다. 총 10명이 참여하고 있는데, 한 명씩 나와서 책을 읽은 느낌에 대해서 발표하고 가장 마음에 다가 왔던 구절에 대해서 발표하는 방식이다. 토론을 진행하는 사람은 그것에 대한 피드백을 해준다. 이렇게 서로 이야기를 하다보니 내가 그냥 지나쳤던 부분들을 한번 더 생각하게 해주는 유익한 시간이 된다. 이렇게 독서토론을 통해서 마무리가 된 책은 더 많은 사람들과 공유하기 위해서 독서노트에 적는 방법도 있고, 블로그에 남기는 방법, SNS에 남기는 방법을 사용한다. 지금은 독서노트는 따로 하지 않고 블로그에 올려서 그 책을 읽고 나만의 생각을 정리하고 있다.

블로그는 누군가와 소통을 하는 곳이라고 생각한다. 현재 네이버에서 블로그를 운영 중인데, 처음에는 한 권의 책을 올렸을 때는 아무도 봐주는 사람이 없어서 사실 슬펐지만, 한 권씩 올릴 때마다 나에게 뿌듯함을 주는 곳으로 바뀌고 있다. 책을 다시 읽기 시작하면서 하루에 한 권씩 100권만 읽어보자고 나 자신과 약속을 했다. 하루에 한 권을 읽는 것도 힘든데, 블로그 서평까지 남기는 게 처음에는 너무 힘들었다. 그렇지만 차츰 하루에 한 권씩 나만의 약속이 지켜지면서 자신감이 생기고 나니 서평까지 남기는 게 어렵지 않았다. 처음엔 서평을 어떻게 남겨야 할지 고민이 되었지만 다행히 블로그에 여러 형식이 있었다. 참고하면서 서평을 남기다 보니 생각보다 편했다. 그 뒤로는 매일 한 권씩 딱 100권을 채워서 서평을 남기게 되었고, 서평이 한 권씩 늘어날 때마다 같이 공감하는 사람들이 늘어나게 되니 점점 더 행복해지고 자신감 또한 늘게 되었던 것 같다.

다른 방법으로는 SNS를 활용하는 것이다. SNS는 길게 서평을 남기기보다는 한 줄로 남기거나, 블로그에 남긴 서평을 SNS로 내보내는 방법을 사용한다. 페이스북 같은 경우에는 '좋아요'를 사람들이 눌러주는 것으로 공감으로 표현한다. 내가 매일 페이스북에도 올리니 한 지인이 나에게 "책을 너무 많이 읽는 거 아니야? 매일 어떻게 책을 읽어?"라며 놀라면서 물어본 적도 있다.

SNS를 통해서 내가 어떤 책을 읽었는지 서평을 남겨보자. 블로그와는 또 다른 느낌일 것이다.

마지막으로 인터넷 서점에 서평을 남기는 것이 있다. 나의 서평이 다른 사람이 책을 구입하는 데 참고 할 수 있게 도움을 준다. 나 또한 책을 구입하기 전 다른 사람들은 책에 대해서 어떻게 평가를 하고 있는지에 대해서 꼼꼼히 살펴보고 결정하는 편이다. 서평을 남긴 사람들의 글을 보면 기존의 서평이 책을 선택하는데 도움을 받았다고 적고 있기 때문이다.

책에 대한 서평을 남긴다는 것은 책을 읽고 나의 생각을 정리하는 방법이다. 사람이 매번 똑같은 생각을 하는 것은 아니기 때문에 그때마다 나의 생각을 확인해 보는 의미도 있다. 그리고 서평은 나의 흔적을 남기는 일이다. 누구나 나를 기억하게 하고 싶은 마음을 지니고 있다. 이왕이면 블로그를 이용해서 여러 사람들과 함께 서평을 공유해보자. 그것을 통해서 내가 주는 것보다 받는 기쁨이 커지는 것을 알게 될 것이다.

당신의 서평을 블로그에 남겨보자. 계속 당신의 흔적을 남기게 되는 방법일 것이다.

04

책을 독서노트로 활용하라

책을 손도 대지 않은 채 책장에 올려두는 사람은 책을 제대로 사랑하는 사람이 아니다. 밤낮으로 손에 들고 그래서 때가 끼고 책장의 귀들이 접혀지고 손상되며 빽빽하게 주석을 달아놓은 자만이 책을 제대로 사랑하는 사람이다.
– 에라스무스, 고대 언어학자, 종교사상가

책을 사랑하는
방법은

당신의 책 읽는 습관은 어떠한가? 한번 곰곰이 생각해보면 내가 어떻게 하고 있는지 알 수 있을 것이다. 한 사람은 책을 읽을 때 책이 구겨질까봐 한 장 한 장 넘길 때 조심스럽게 넘기고, 다른 사람은 책에 밑줄을 긋고 메모도 하며 책 귀퉁이를 막 접는 사람이 있다. 이 두 사람 중에 어떤 사람이 책을 사랑하는 것일까? 나는 책에 밑줄도 긋고 메모도 하며 읽는 사람이야말로 책을 사랑하는 사람이라고 생각한다.

사랑에 빠져 본 적이 있는가? 사랑에 대해 어떻게 생각을 하는가? 내가 하고자 하는 사랑은 어떤 사랑인가? 나는 사랑을 한다면 가슴이 뛰고 불에 뛰어들 수 있을 정도의 뜨거운 사랑을 하고 싶다. 즉, 불타오르는 사랑을 해보고 싶다. 사람들은 사랑에 빠지면 눈에 보이는 것이 없다고 얘기들을 하곤 한다. 다른 사람보다는 내가 사랑하는 사람이 다른 그 무엇보다도 최우선이 된다. 내가 사랑한다는 것을 계속 표현해 줘야 상대방이 나를 사랑한다는 것을 알게 된다. 말하지 않으면 더 이상 사랑하는지 알 수 없는 상황이 되기도 한다. 사랑이란 표현을 해야 한다. 책도 마찬가지이다. 열심히 책에 표현을 해줘야지 그것을 내 사랑으로 만들 수가 있다. 책도 내 것이 되는 것이다.

책은 깨끗이 읽기만 하는 것이 아니다

학창시절을 생각해보면, 내 짝꿍과 같은 수업시간에 같은 선생님께 공부를 배웠지만 시험을 보고 나면 결과는 하늘과 땅 차이였다. 그 친구는 반에서 2등이었고, 전교에서도 상위권인 반면, 나는 반에서 중위권에 머물기만 했었다. 한 번쯤은 그 친구를 이겨보고 싶었지만 왜 안되는지 궁금해서 그 친구의 공부하는 습관을 관찰

한 적이 있다. 나도 수업시간에 중요하다는 것은 표시했는데, 그 친구는 선생님께서 예를 들어 설명해 주신 것들까지도 깨알같이 메모를 했다. 자기만의 표식으로 정리를 해놓은 것을 봤다. 똑같이 수업시간에 열심히 듣고 메모를 한다고 해도 그것을 내 것으로 소화하기 위해서 한번 더 정리를 한 것이다. 나 또한 공부를 잘 하고 싶었기 때문에 그 친구에게 방법을 알려달라고 도움을 요청했다. 고맙게도 그 친구는 나에게 그 방법을 가르쳐 줘서 나 또한 다음 시험에서 만족할 정도로 성적이 올라 부모님께 칭찬을 받았다.

책이란 무릇 많은 이야기를 담고 있다. 그 이야기에서 사람마다 얻고자 하는 바가 다를 것이다. 내가 중요하다고 생각하는 부분이 어디였는지 읽지만 말고 메모를 해두어야 기억하기가 쉽다.

나 또한 과거에는 책을 읽기만 했었다. 책에 메모는 커녕 책장이 구겨질까봐 한 장씩 넘길 때마다 조심스럽게 넘기곤 했다. 책을 다 읽고 나면 책장에 고이 넣어둔 때가 있었다. 좋은 책을 읽었다는 마음만을 간직했었는데, 나중에는 어떤 책을 읽었는지 기억을 못해서 중간에 보다보면 '아, 이거 읽었던 것 같은데.'라고 한 적도 있다. 지금은 책을 한 권 읽으면 맘에 드는 부분을 보면 밑줄부터 긋는다. 물론 밑줄을 그을 때도 꼭 자를 이용해서 반듯하게 그어야 할 필요는 없다. 내가 보기 좋게만 그으면 된다. 그 밑줄 된 부분을 다시 읽으면서 중요하다고 생각되는 곳에 동그라미를 그

려도 좋고 별표를 쳐도 좋으니 나만의 표시를 한다. 마지막으로는 표시해 놓은 곳을 보면서 생각이 필요한 부분이 있으면 메모를 해본다. 즉, 나의 생각을 정리해 보는 것이다.

단순히 책만을 읽기보다는 요점정리를 하듯이 한 템포씩 쉬면서 메모를 해보자.

독서노트를 만들기 보다는
책을 활용하라

학창시절에 시험을 본다고 얘기가 나오면 항상 과목별로 새 노트를 마련해서 시험공부를 위한 요약 노트를 마련했었다. 책에 적혀있는 내용과 문제를 풀고 틀린 문제를 따로 정리하고 시험에 나올만한 문제를 정리했었다. 시험 당일에는 이 노트 한 권만을 가지고 시험을 보러 갔었다. 항상 나는 무엇인가를 하기 위해서 새 노트를 마련하는 것으로 시작을 했었는데, 독서를 시작하면서 새로 독서노트를 마련해서 써볼까 생각했었다. 노트를 활용해서 써보려고하니 이쁘게 쓰려고만 하고 정작 내가 하고자 했던 책에 대한 정리가 되지 않았다. 즉, '마음이 콩밭에 가 있다'는 속담처럼 내가 딱 그 상태가 되어버려서 별로 도움이 되지 않았다. 오히려 스트레스를 받길래 과감히 독서노트를 사용하지 않기로 했다. 대신 책에 메모를 하기 시작했다. 책에 메모를 하기 시작하고 나니 생각보다 효과가 만점이었다. 딱 두 가지만 다짐을 했는데, 스스로에게 '이쁘게 쓰려고 하지말자'와 '형식에 얽매이지 말자'였다.

내가 사용하고 있는 책으로 독서노트를 활용하는 방법은 이렇다.

첫째, 책에 있는 페이지의 위, 아래, 옆 부분의 공간을 활용하는 방법이다.

책을 읽다보면 줄 긋기와 별표, 동그라미 등을 표시하게 된다. 표시한 부분을 보면서 정리를 하게 되는데 특별히 따로 노트를 활용하지 말고 책 그 자체를 활용해보자.

아무래도 책을 보면 한 장에 글이 전체적으로 적혀있지만 하얗게 남아있는 부분들이 있다. 이 부분에 메모하는 형식으로 단어들을 나열하기도 하고 내 생각을 간단히 적는다.

둘째, 책을 보면 첫 장과 두 번째 장에 전혀 글이 들어가 있지 않은 면이 나온다.

이 장을 활용하는 것인데, 나는 책을 읽으면서 느꼈던 점을 메모하거나 다 읽고 나면 눈을 감고 그 책에서 내가 얻고자 했던 점이 무엇인지를 생각해본다. 이때 한 줄도 좋고, 편지 형식도 쓰면서 책에서 기억나는 것을 적고 마무리 하는 방법이다. 추가로 책을 읽은 날짜까지 적으면 더 좋다. 나중에 읽게 되면 그때는 이런 생각도 했었구나 하며 반추할지도 모를 일이다.

한 가지 더 보너스로 말하자면, 첫 장은 혹시 나중에라도 작가를 만나게 된다면 싸인을 받을 수도 있으니 두 번째부터 활용하는 방법을 추천한다. 책을 읽다보면 작가를 만나게 되는 경우가 있는데 그럴 때 가장 첫 장에 사인을 받아둔다면 그 무엇보다 가치있는 책이 될 것이다.

책을 독서노트로 활용해서 나만의 특별한 노트를 만들어라. 책을 사랑하는 가장 좋은 방법은 줄 긋고, 동그라미, 별표로 표시하고 마지막에는 책에 메모를 하는 것이다. 아무도 흉내내지 못할 나만의 독서노트를 만들 때가 최고의 독서노트인 것이다. 그 독서노트가 나의 첫사랑인 것처럼 사랑해보자. 더 이상 책이 깨끗하다는 것은 사랑하지 않는다는 것이다. 책을 뜨겁게 사랑하라. 마치 그 책을 마지막으로 읽을 것처럼 말이다.

05

e북을 활용하라

책의 가치는 그것으로부터 무엇을 배울 수 있는가에 달려 있다.
- 제임스 브라이스, 영국 정치가

내 가방에는
무엇이 들었을까

    사람들은 출퇴근 시, 외출을 할 때 대부분 가방을 들고 다닌다. 특히 여자들에게 가방은 필수품이 되어 버린 지 오래다. 당신의 가방 안에는 어떤 것이 들어 있을까? 가방 안에 어떤 것이 들어있느냐에 따라 그 사람의 라이프 스타일을 알 수 있다고 한다. 학생의 가방을 살펴보면, 교과서와 노트가 들어 있을 것이고, 여성의 경우에는 화장품 파우치가 필수적으로 들어가 있다. 나 또한 마찬가지로 다른 사람들의 가방과 비슷하다. 화장품 파우치, 핸드폰, 지갑이 필수로 들어가고 책도 한 권 꼭 있다. 책을 들고 다니는 이유는 지하철을 타고 이동할 때 핸드폰을 보는 시간이 아까와서다. 어쩌면 잠시라도 활자중독에 빠지고 싶어일지도 모른다. 그러기에 외출하기전에 어떤 책을 읽을지 행복한 고민을 하며 가방에 책을 넣는다.

여자와 가방 사이에 얽힌 심리 이야기를 책으로 낸 프랑스 사회학자 장 클로드 카프만은 《여자의 가방》에서 이렇게 얘기한다.

> 여자에게 가방은 물건을 넣어 다니는 어떤 도구 혹은 액세서리 그 이상이다. 여자에게 어떤 가방을 메느냐는 남자들이 차를 통해 자존심을 드러내는 것과 같다. 옷이나 가방 등 한 사람이 선택한 아이템들은 단순히 패션 아이템일 뿐 아니라 그 사람을 표현하는 하나의 지표가 되기 때문이다. 더군다나 가방은 그 성향을 가장 잘 드러내는 아이템이다.

저자는 여자들이 그토록 가방을 사랑하는 이유가 무엇인지 궁금해서 프로젝트를 시작했다. 그는 75명의 여자들을 직접 만나서 그녀들의 가방에 대한 인터뷰를 했는데, 그의 첫 질문은 항상 "당신의 가방 속에 무엇이 들어 있습니까?"였다. 이 질문에 많은 여자들이 별 것 없다며 시작한 이야기는 한 권의 책으로 만들어질 정도로 풍부했다.

인터뷰에 응한 여자들은 자신의 가방 브랜드, 내용물, 크기, 가방을 메는 방법, 가방 속을 정리하는 방법, 갖고 있는 가방의 개수 등에 대해 이야기했지만 저자가 발견한 것은 바로 그녀들이 가방에 담고 있는 삶의 가치들이었다.

즉, 여자의 가방 안에는 여자들의 영혼이 담겨져 있다는 것이다. 이렇게 가방 하나를 가지고도 심리적으로 표현이 가능한 가방, 이 안에 명세표나 카드 용지보다는 책 한 권이 있다면 내 영혼은 더욱 풍요로와지지 않을까.

무거움에서
가벼움으로

매주 화요일 대학원에 공부하러 가는 날은 어깨가 천근만근 무거워진다. 전공과목 교재가 여러 권 들어있기 때문이다. 이 날 만큼은 내가 읽고 싶은 책을 빼고 그냥 학교로 출발하는 편이다. 학교까지 가는 시간은 2시간 정도인데, 이 시간이 아까워서 무겁지만 종이책을 항상 가지고 다녔었다. 그렇게 몇 주를 보내다가 학교 홈페이지에서 전자도서관이라는 것을 보게 되었다. 혹시 e북으로 볼 수가 있는 것일까? 하는 생각이 들었다. 홈페이지를 꼼꼼히 살펴보니 스마트폰으로 앱을 다운받아서 전자도서관을 이용할 수 있었다. 이럴 때 보면, 가끔 스마트폰도 나에게 도움이 되는구나 라는 생각이 든다.

그 뒤로는 앱을 이용해서 내가 읽고 싶은 책들을 검색해서 다운 받아 보고 있는데, 아무래도 학교에서 이용하는 것이다 보니, 책이 한정적이라는 단점이 있다. 아쉬운 대로 내가 읽고 싶은 책들이 있는지 검색해서 통학시간마다 틈틈이 보고 있다. 너무 가방이 무거워서 힘들다면, 나처럼 e북을 활용해 보는 것도 좋은 방법인 거 같다.

이젠 e북을
활용하자

KT경제경영연구소 '2015년 상반기 모바일 트렌드' 보고서에서 한국의 스마트폰 보급률은 전 세계에서 4위를 기록하고 있다고 한다. 이렇게 보급률이 많은 반면에 사용하는 앱은 대부분이 게임에 치중되어 있다. 지하철을 타고가다 보면, 다들 핸드폰을 보고 있지만 게임이나 SNS를 하는 사람들이 태반이다. 대부분의 사람들이 핸드폰을 잘 활용하지 못하고 있는 것 같아서 안타깝다. 게임만 하지 말고 e북을 볼 것을 권유해 보고 싶다.

e북(e-Book)이란 종이 대신 디지털 파일로 글을 읽는 차세대 서적으로 '전자책'이라고도 한다. e북의 장점을 나열해 본다.

첫째, 종이 책보다 무게가 가볍다.

나 같은 경우에는 가방을 작은 것으로 들고 다니다 보니 핸드폰, 지갑만으로도 가방이 꽉 차는 경우가 있다. 그래서 손에 따로 들고 다니는 것이 불편하다. 그런 경우에 핸드폰으로 책을 본다면 가벼워서 불편함이 덜 할 것이다.

둘째, 장소불문하고 어디서나 볼 수 있다.

출퇴근길에 종이 책을 보려고 하면 아무래도 앉아서 보는 편이 좋다. 하지만 내가 앉고 싶다고 자리가 있는 게 아니니 서서 갈 수 있다. 서서 가면서 책을 보려고 하면 사람들이 많아서 점점 서있는 자리마저 좁아지기 마련이다. 이럴 때 e북을 활용해보자.

셋째, 보고 싶은 책은 바로 볼 수 있다.

종이 책의 경우에는 책을 보거나 사려고 하면 서점이나 온라인 서점을 이용해야 한다. 내가 지금 책이 꼭 필요한 경우라면 서점에 가지만 그 책이 없는 경우도 있다. 이때는 e북으로 책을 읽으면 되는 것이다. e북은 여러 권 가지고 있다 해도 무게가 늘어나는 것은 아니어서 많이 저장할 수 있어 편리하다. 나는 가끔 여행을 갈 때, 책 한 권을 들고 가서 읽다가, 그 책에 나오는 다른 책을 읽고 싶어질 때가 있다. 주위에 서점도 없고, 일부러 여행까지 가서 서점으로 가고 싶지는 않아서 e북을 활용해서 여러 권 읽기도 한다. 한번 활용하는 것이 어려워서 그렇지, e북으로 읽다보면 종이 책과 다른 신속함이 있고 배송지연의 기다림도 없다.

넷째, 종이 책보다 가격이 싸다.

최근에 출간되는 책들을 보면 e북이 같이 나오는 편이다. 그 이유 중에 하나는 출판사의 입장에서 보면 종이에 들어가는 비용만큼 줄어드는 이유도 있고, 일단 재고가 없기 때문에 e북도 같이 출간하는 편이고, e북으로만 나오는 책들도 있다. 반면, 소비자의 입장에서는 종이 책의 비용이 14000원이라고 하면, 9000원 정도에 책을 사 볼 수가 있기에 가격면에서도 매력적이라고 볼 수 있다.

다섯째, 다양한 앱을 통해서 다운을 받을 수 있다.

온라인 서점인 인터넷 교보문고, 인터파크, 알라딘, yes24 등에서는 자체적으로 e북 단말기를 사용해서 책을 볼 수 있게 되어 있고,

스마트폰 앱을 통해서도 볼 수 있다.

　내가 원한다면, 다양한 방법으로 e북을 활용할 수 있으니 한번 사용해보는 것도 좋을 것이다. e북에는 다양한 장점들이 있고, 이 장점을 나에게 맞게 틈틈이 활용해보자. 나는 종이 책이 무겁고 가격이 비싸다고 얘기하는 것이 아니다. 핸드폰으로 게임만 하는 것보다는 핸드폰을 활용해서 e북을 보고 나의 것으로 만드는 것이 어떨까 하는 생각이 든다.어떤 것이든지 나의 것으로 소화해서 나의 것으로 만드는 것이 중요하다.

06
책 속의 아이디어를 활용하라

나는 삶을 변화시키는 아이디어를 항상 책에서 얻었다.
– 벨 훅스

책에서 단지 읽기만 해야할까

우리는 왜 책을 볼까? 시간을 때우기 위해서, 아니면 무언가 정보를 얻기 위해서일까? 독서의 이유는 사람마다 다르겠지만 책을 읽는 방법이 달라져야 한다. 같은 책을 읽어도 사람마다 느끼는 점이 다른 것은 그때의 심리상태나 마음의 차이가 있기 때문이다. 얼마 전에 지인으로부터 어떤 책을 읽고 굉장히 도움이 많이 되었다면서 추천을 받았다. 나도 지인이 도움이 많이 되었다는 얘기에 나름 기대를 가지고 책을 읽기 시작했는데 적잖이 실망했다. 책에 있는 내용이 이미 내가 경험했던 부분들이 많았기 때문이다. 책에서 혹시라도 나에게 적용해 볼 수 있는 아이디어를 얻고 싶어 기대했는데 흔한 내용들이 많이 있어서 좀 실망을 했다. 사실 나는 새로운 것을 원했기 때문이다.

책을 읽을 때는 항상 아이디어를 얻고 싶은 기대감이 있다. 강의 준비를 하거나 내가 직장에서 일과 관련해서 아이디어를 찾기 위해서이다. 혹시 이번 책에서는 어떤 것을 가져갈 수 있을까 하는 생각이 나를 설레게 하면서 읽는 편이다. 주위에 나와 같은 직종의 분들이 책을 읽는 것을 볼 때면 항상 어떤 책을 읽는지 호기심과 궁금함으로 물어보게 된다. 나도 필요한 책이 아닐까해서 말이다. 책을 선택할 때 주변 사람들은 어떤 책을 읽는지도 가끔은 확인해 볼 필요가 있다. 내가 보지 못하는 책을 다른 사람은 읽을 수 있기 때문이다.

가끔은 너무 딱딱하게 느껴지는 전공서적을 보다가도 머리가 말랑말랑해지는 소설을 읽곤 한다. 그러다 보면 간혹 일과 연관된 아이디어가 떠오르기도 한다. 나도 이 책을 쓰면서 독서에 관련된 책을 여러 권 보다가 머리가 딱딱해지는 것을 느낄 때쯤 《우동 한 그릇》이라는 책을 읽으면서 눈물을 흘린 적이 있다. 물론 내가 이 책을 읽지 않았던 것도 아니고 20번 이상을 읽었는데, 매번 눈물을 흘리게 된다. 이번에도 역시 눈물을 흘려서 왜 울었을까 생각해보니, 내가 일이 힘들 때면 이 책을 찾는다는 사실을 깨달았다. 울고 나니 속도 후련하고 시원해져서 책이 곧 카타르시스가 되기도 한다.

책 속에서 어떤 아이디어를 가져올 것인지 고민해보자

책을 읽을 때는 목적을 가지고 읽어야 한다고 앞 부분에서 이야기를 했다. 목적이 없는 독서는 팥소 없는 찐빵과 같은 것이다. 찐빵은 겉의 모양은 같을지 몰라도 속에 팥소가 어떤 것이냐에 따라서 맛이 달라진다. 즉, 각각의 맛이 달라지는 것이다. 우리는 원작이 소설이거나 웹툰이 영화나 드라마화된 것을 볼 수 있다. 원작을 각색해서 영상화하는 것이다. 그 중에 가장 기억에 남는 것은 공지영 작가의 《도가니》라는 작품이 있었다. 이 책은 2005년 TV 시사고발 프로그램을 통해 세상에 알려진 광주의 모 장애인 학교에서 자행된 성폭력 사건을 바탕으로 쓰인 소설이었다. 이 책을 처음으로 읽었을 때 나는 충격 그 자체였다. 아직도 이렇게 인권의 사각지대가 있다는 생각에 충격을 받아 오래도록 내 마음을 흔들었다. 난 무엇을 할 수 있을까 진지하게 고민을 하게 해준 책이었으며, 그것은 관심 밖이었던 인권에 대해 관심을 불러 일으켰다. 그냥 소리소문 없이 묻혀질 수도 있었던 사건이 책을 통해 사회적으로 이슈가 되고 나중에 영화가 되어 재조명된 사건이었다. 그렇게 사건이 수면 위로 떠오르면서 다시 한번 장애우들을 위한 사회의 관심과 대책에 대해 이슈화될 수 있었다.

회사의 경영자들은 책에서 아이디어를 찾는다고 한다. 답답하거나 일이 잘 풀리지 않을 경우에 책을 읽고 나면, 신기하게 일이 해결되는 경우가 많았다고 한다. 다이애나 홍 작가의《책 속의 향기가 운명을 바꾼다》를 보면, 책을 통한 창조경영에 대한 이야기가 나온다.

삼성 SERI 연구소의 북 리뷰코너는 주마다 따끈따끈한 경영·경제 서적을 소개합니다. 이 소개글은 전문가들의 서평인 만큼 핵심 키워드를 중심으로 책 내용이 잘 정리되어 있습니다. 시간이 넉넉지 않은 사람의 경우 이것만 꼼꼼히 읽어도 되겠구나 싶을 만큼 알찬 내용들입니다. 이렇게 일주일에 한 권이니 한 달이면 4권의 책을 접할 수 있을뿐더러, 책 내용과 더불어 전문가의 생각까지 보너스로 함께 만나볼 수 있습니다. 책이 사람을 만들고 사람이 경영을 만듭니다. 많이 읽으면 생각도 많아지고, 생각이 많아지면 아이디어도 풍부하게 솟아납니다. 언제 어디서 어떻게 솟아난 아이디어가 정답이 될지 모르니 항상 준비하고 충분한 무기를 갖추어야 합니다.

1년에 한 권의 책도 읽지 않는 사람이 많은 한국에서 일주일에 한 권씩이라도 읽을 수 있게 환경을 마련해주는 회사가 내심 부러웠다. 중소기업들도 한 달에 한 권씩 읽는 독서경영을 하는 회사들이 늘어나고 있고, 실제로 그 효과를 본 회사도 많아지고 있다.

독서경영을 실천으로 만든 신선 설농탕은 직원들이 《흥하는 말씨 망하는 말투》를 읽고서 전 직원이 '감사합니다' 운동을 시작하게 되었다는 이야기를 본 적이 있다. 누구나 할 수 있지만, 실천하지 않는 말인 '감사합니다'라는 것에 대해서 다시 한번 생각하게 되었고, 나 또한 환자분에게는 '고생하셨습니다'라고 말을 하지만, 직원들에게는 퇴근할 때만 '고생하셨습니다'라는 이야기는 해도 정작 힘들어 보이는 직원에게는 위로의 말이 인색하지 않았나 반성해 본다.

나도 표현에 인색하다는 얘기를 자주 들어 되도록이면 직원들에게 만큼은 에너지를 듬뿍 담은 말을 자주 해주려고 노력하고 있다. 말 한마디에 천냥 빚을 갚는다는 말이 있듯이 주위 사람들에게 좋은 말을 하려고 노력 중이다.

이렇게 책을 통해서 아이디어를 얻고 그것을 실천으로 옮기는 회사가 많아지고 있다고 한다. 그런 사람들을 보면서 나도 더 노력을 해야겠다는 자극을 받는다. 성공한 사람들이 괜히 성공하는 것은 아니라는 생각이 들었기 때문이다. 그 중에서도 가장 중요한 것은 행동이라고 생각한다. 행동으로 옮겨서 꾸준히 유지하면 습관으로 이어지는 것이다. 나를 변화시키는 가장 좋은 습관은 단연코 독서라고 말하고 싶다. 독서가 도화지에 밑그림을 그릴 수 있는 아이디어를 주고 그것을 실행으로 옮기게 하는 그림이라고 설명할 수 있다. 이제 선택은 내가 하면 되는 것이다.

책을 읽으면서 그냥 읽는 것이 아니라 목적을 가지고 독서를 시작해보자. 그러면 내가 얻어가는 것들이 많아질 것이라 자신한다. 아이디어는 툭 하고 어디서 떨어지는 것이 아니라 생각의 전환으로 이루어지는 것이다. 나 또한 강의 준비를 하면서 책의 도움을 많이 받았다. 더 이상 아이디어를 찾기 위해 헤매지 말고 책을 통해서 얻어보자.

벨 훅스는 '나는 삶을 변화시키는 아이디어를 항상 책에서 얻었다.'라고 했다. 나의 삶을 어떻게 변화시킬 것인지는 이제 나의 선택인 것이다.

07

나는 책 한 권을
10번 이상 읽는다

> 서적은 그것을 이해하는 사람에 의해서만 전해지고, 사물은 그것을
> 분별하는 사람에 의해서만 귀하게 여겨진다.   - 갈홍

독서의
의미

한 해에 한 권의 책도 읽지 않는 사람들이 늘어가는 요즘.
책을 읽는다는 것만으로도 신기해지는 현실.

책을 몇 번 읽으십니까? 라는 질문에 보통 사람들은 어떻게 대답을 할까? 아마도 한 번만 읽고 책을 덮은 사람들이 대부분 일 것이다. 그리고 어딘가에 쳐박혀 잊혀지고 마는 책들. 아마 이러한

경험을 해본 사람이 대다수일 것이다.

《BASIC 중학생을 위한 국어 용어사전》를 보면 독서에 대해서 이렇게 정의를 하고 있다.

> 책을 읽는 행위. 독서는 책을 읽는 이의 단순한 문자 판독이 아니라, 글쓴이와 읽는 이와의 간접적 만남이며 그 만남은 책이라는 작품을 매개로 하여 이루어지는 것이기 때문에 의사소통 행위라고 할 수 있다. 그리고 독서는 글쓴이의 경험과 지식, 정서, 느낌 등을 작품으로 표현하고 읽는 이는 그런 작품을 자신의 가치관과 세계관, 배경지식을 총 동원하여 받아들이게 되는 하나의 연속된 과정으로 읽는 이는 책을 읽으면서 작품 속의 환경과 자신이 속한 사회, 현실과 비교함으로써 자신이 처한 환경과 상호 작용할 수 있는 힘을 얻을 수도 있으므로 매우 중요하다.

이것을 정리해서 보면 독서란 작가와 독자의 의사소통이라는 것에 포인트가 있다. 작가가 하고 싶은 이야기를 적은 것이 책이라고 하면, 독자는 책을 보면서 작가와 대화하는 과정이라고 볼 수 있다. 친구들 중에는 다른 사람들의 이야기를 들어주지 않고 혼자 이야기만 하는 경우가 종종 있다. 또 다른 친구는 자기 이야기를 하기도 하지만 남의 이야기를 잘 들어주는 친구가 있다. 사람들은 어떠한 사람을 좋아할까? 당연히 후자일 것이라 생각한다. 책을 한 번만 읽는다는 것은 앞서 이야기한 전자의 친구와 같다고 볼 수 있다. 책이란 한 번만 읽는다고 모든 것을 이해할 수 있는 것이 아니다. 두 번째 책을 읽을 때면, 첫 번째 책을 읽을 때하고는 다른 것들이 눈에 들어오기도 한다. 그 문장들은 한번 더 생각해 보는 기회가 되기도 한다. 즉, 사색할 수 있는 기회가 되기 때문이다. 그렇기 때문에 더 이상 책을 책장에 묻어두기보다는 한 번씩 더 읽어보기를 권유한다.

다른 이의 이야기를 들어주는 친구

이제는 남의 이야기를 잘 들어주면서 내 이야기를 하는 친구에 대해 생각해보자. 사람들은 누군가 나의 이야기를 들어주기를 원하는 심리가 있다. 그렇게 함으로써 상처난 마음을 치유받기 원한다. 이야기란 소통의 한 부분이며, 그것을 통해 서로 공감하는 것이다. 책을 여러 번 읽는다는 것은 책을 통째로 내 것으로 만드는 일이다. 한국 사람이라면 김치를 싫어하는 사람은 별로 없을 것이다. 김치도 여러 가지겠지만, 배추김치를 예로 들자면, 매년 겨울이 시작되기 전에 김장을 담그게 되는데, 숙성이 되어 냄새가 나기 시작하면 적당히 맛있는 김치가 된다. 그 시기가 지나가면 묵은 김치가 된다. 이 묵은지로 끓이는 김치찌개는 별다른 양념이 없어도 맛있게 먹을 수 있다. 나는 묵은 김치를 좋아하는데, 특히 아주 푹 익은 김치를 좋아한다. 그 이유는 시간이 지날수록 숙성된 맛이 일품이기 때문이다. 여러 번 책을 읽는다는 것은 김치 중에서도 묵은지를 먹는 것과 같다.

히라노 게이치로의 《책을 읽는 방법》을 보자.

한 권의 책과의 만남은 평생에 단 한 번만으로 끝나는 것은 아니다. 그것은 생각보다 훨씬 더 길다. '읽고 난 후에 딱 덮어 버리는' 한 순간의 독서 대신 '읽고 나서 책장'에 두고 생각하는 독서를 택해 우선은 책을 묵혀둔다. 그렇게 적당한 숙성기간을 거친 후에 다시 한번 그 책을 손에 들어본다. 그 숙성기간이란 자기 자신의 숙성기간을 말한다. 자신에게 정말로 중요한 책을 오 년 후, 십 년 후에 가끔씩 꺼내 다시 읽어보라. 그 인상의 변화를 통해 우리는 자신의 성장의 흔적을 실감할 것이다. 외관의 변화는 사진이나 동영상이 보존해준다. 그러나 내면의 변화를 실감하게 해주는 것은 책이다.

내가 살면서 힘이 들었을 때 법륜 스님의 《엄마수업》을 읽었는데 나를 사랑해야 다른 누군가를 사랑할 수 있다는 부분이 가장 맘에 들어 왔다. 하지만 시간이 흐른 후에 다시 한 번 읽었을 때는 '네가 말을 더듬어도 엄마는 너를 사랑한다. 세상 사람은 다 너에게 문제가 있다 해도 엄마는 너를 사랑한다. 지체부자유자라도 너를 사랑하고, 공부 못해도 너를 사랑하고, 사고 쳐도 너를 사랑한다. 이것이 엄마 마음이에요.' 라는 부분이 제일 마음에 들었다. 다음 번에 다시 한번 읽는다면 아마도 다른 부분이 마음에 들어올 것이라고 생각한다. 왜 읽을 때마다 다른 부분이 마음에 드는 것일까 곰곰이 생각을 해보면, 그때마다 내가 처해 있었던 상황이 달랐기 때문일 것이다. 맨 처음 읽었을 때는 나의 자존감이 많이 무너졌기 때문이고, 두 번째 읽었을 때는 아들에 대한 생각을 중심으로 책을 읽었기 때문에 보는 관점이 달라졌기 때문이다. 이렇게 시간이 지날수록 한 권의 책을 여러 번 읽는다는 것이 중요한 것이다. 깨달음이 다르기 때문이다. 책을 읽고 있는 독자들도 한번 시간 차를 두고 책을 읽어보기를 권유해 본다.

미래의 나를 위해
책을 읽는다

책을 여러 번 읽을 때의 효과를 이야기했는데, 여러 번 읽기는 독서에만 국한이 된 것은 아니다. 책을 읽다보면 다 이해하지 못하고 넘어가기 때문에 이해하기 위해서 여러 번 읽는 독서의 습관이 중요하다. 한 번의 책 읽기와 여러 번 책을 읽는다는 것의 가장 중요한 차이점은 아는 것보다는 모르는 것을 더 중심으로 찾아가는 단계이다. 안다는 것은 살면서 지속적으로 기억을 하면서 살아갈 수도 있지만, 어느 순간 잊어버리기 마련이다. 망각을 새로운 것으로 채울 수 있는 공간을 만들어 주는 것이다.

야마구치 마유의《7번 읽기 공부법》을 보자.

모르는 것은 전혀 두렵지 않다. 우리들은 '모름과 앎' 사이의 벽을 넘는 수단, 즉 배우는 방법을 알고 있기 때문이다. 공부는 대단한 것이든 하찮은 것이든 우리들에게 앞으로 나아가는 힘을 부여해준다. '현재의 나'를 인식하면서 새로운 지식을 얻은 '내일의 나'를 확실히 정해둔다. 현재의 나를 내일의 나로서 앞으로 나아가게 해주는 힘이야말로 공부가 지닌 본질의 힘이다.

우리가 여러 번 책을 읽는다는 것은 더욱 완벽하게 이해에 다가가는 것이고, 지금의 나에서 미래의 나를 찾아가는 과정이라고 볼 수 있다. 지금까지 책을 한 번만 읽고 책장에 꽂아둔 책이 있다면 다시 한번 그 책을 읽어보길 바란다. 그렇게 한 책을 30번 이상 읽어보고 그때마다 느낀 점을 책장 맨 앞에 메모를 해두고 읽어본다면, 다시 한번 나를 돌아볼 수 있는 시간이 될 것이다. 내가 성숙하게 된 것을 느끼게 될 것이다.

자기소개서의 특별함을 더해 주는 것으로 나는 독서를 말해주고 싶다. 그동안 내가 읽은 책들에 대해서 적어보고, 그 책을 통해 내가 변한 행동들을 적고 지금의 나를 만들었다는 코멘트만 있더라도 나라면 이 사람을 만나보고 싶을 것이다. 이제 당신을 위한 스펙을 무엇으로 할 것인가? 남들이 다한다는 자격증 따기에만 올인할 것인가? 아니면 특별함을 만들 것인가?

Part 4

1일 1독, 똑똑하게 골라 읽어라

01
느낌이 다른
책부터 읽어라

사람은 자신이 읽고 싶은 책을 읽어야 한다. 우리들이 일거리처럼 읽은 책은 대부분 몸에 새겨지지 않기 때문이다.   - 사무엘 존슨, 영국의 문학가

첫 만남을 하는
설렘으로 만나라

대학에 입학하고 처음으로 소개팅을 하던 날이었다. 누군가를 만난다는 설렘에 주선자를 통해서 들은 정보로 상상의 나래를 펼쳐서 잘 생기고 매너까지 좋은 사람이라고 생각하면서 소개팅 장소에 나갔었다. 막상 장소에 도착하니 완전 내 스타일이 아닌 사람이 앉아 있어 바로 집으로 가고 싶었지만, 주선자 얼굴 때문에 나가지도 못하고 있었다. 겉으로는 웃고 있었지만 속으로는 빨리

나가고 싶다는 생각이 들었다. 저녁 식사까지 하고 가자는 걸 약속을 핑계로 집으로 오던 길에 예뻐보이겠다고 점심도 안 먹고 가서 배고파 혼자서 떡볶이를 먹고 돌아온 기억이 난다. 비록 그 사람과는 인연이 닿지 않았지만 더 좋은 사람을 만났으니 그것으로 충분한 보상은 된 것 같다.

사람들은 소개팅을 할 때 설렘을 가지고 만나게 된다. 그것처럼 책을 처음 만날 때마다 설렘을 가지게 된다. 특히 나는 서점에 가서 책들을 보는 순간 얼마나 흥분하는지 모른다. 제일 좋아하는 서점은 교보문고 광화문점이다. 엄청난 책들이 나를 반기는 모습에 기분이 고조된다. 하지만 시간상 가기가 어려워서 지금은 집에서 가장 가까운 교보문고 부천점으로 간다. 가끔 주말에 식구들과 함께 가면 각자 읽고 싶은 코너로 가서 1시간이고 2시간이고 시간을 보내다 온다. 돌아올 때 식구대로 한 권씩 책을 골라 사가지고 오는 나들이가 너무 좋다. 예전보다 서점이 없어져서 서운하지만 교보문고라도 있어서 얼마나 다행인지 모른다. 온라인 서점도 좋지만 개인적으로는 오프라인 서점을 선호하는 편이다. 바로바로 책을 사가지고 올 수 있기 때문이다.

서점의 신간코너에 눈에 띄는 새로 나온 책들이 보이면 꼭 한 번씩 들러서 목차를 확인한다. 확인을 하다보면 맘에 드는 책들이 최소한 한 권은 있다. 그 책의 목차를 천천히 살펴보고 내가 읽고 싶은 종류의 책이면 사서 집으로 오는 편이다.

느낌이 다른
책을 골랐다

예전에 서점에서 《이그노벨상 이야기-천재와 바보의 경계에 선 괴짜들의 노벨상》을 본 적이 있다. 이그노벨상이란 과학 유머 잡지 '황당무계 연구 연보'가 매년 10개 부문에 수여하는 상으로 '다시는 할 수도 없고 해서도 안 되는' 업적을 이룬 사람들에게만 주어진다. 즉, 창의성의 중요함을 얘기하는 책이라고 볼 수 있다. 이 책을 통해 재미있는 사실들을 알게 된 것도 있고 신기한 것들도 많았다.

2001년 6월 콜로라도 주 지역 신문 「덴버 포스트(Denver Post)」는 다음과 같은 기사를 실었다.

푸에블로에 사는 62세의 벅 와이머는 6년 전 추수 감사절 저녁 식사 후에 일어난 일을 이야기해 주었다. 그 당시 57세였던 벅의 아내 알린은 크론씨 병이라는 질병을 앓고 있었는데 그 병은 장에 염증을 일으켜서 매우 독한 방귀를 뿜게 만들었다. 두 부부가 한 이불을 덮고 침대에 누웠을 때 바로 그 일이 터졌다. 와이머의 아내가 폭탄 수준의 고약한 방귀를 뀐 것이다.

'그때 저는 조용히 고통을 참으며 아내 옆에 누워 있었습니다. 아무 말도 하지 않았지만 마음속으로 결단을 내렸습니다. 무언가 조치를 취해야겠다고 말입니다.' 라고 그는 회상했다. 그로부터 6년 후 벅 와이머는 특이한 발명품을 개발했다. 바로 독한 방귀 냄새를 제거하는 교체용 숯 필터를 장착한 속옷이다. 와이머는 이 발명품으로 1998년에 특허를 받았다라고 한다.

누군가는 생각만 한 것을 실제로 발명한 것이다. 재미있게 읽기도 했지만, 대단한 사람이라는 생각을 했다. 나와는 전혀 어울리지 않는 책이었기는 했지만, 어느날 이 책이 끌렸고, 이 책을 선택한 것을 잘 했다는 생각이 들었다. 나의 끌림이 틀리지 않았음을 알려준 책이기도 하다.

2013년도에 '별에서 온 그대'라는 드라마가 히트를 쳤었다. 그때 남자 주인공이 보던 책이 《에드워드 툴레인의 신기한 여행》이었는데, 그때는 몰랐다가 알라딘 중고서점에서 책을 사서 읽게 되었다. 매일 밤마다 아이들과 함께 읽었는데 아이들도 좋아했다.

에드워드의 마음이 흔들렸어요, 오랜 시간이 지난 후 처음으로 에드워드는 이집트 거리의 집이 생각났어요. 그리고 회중시계를 감고 고개를 숙여 에드워드의 왼쪽 다리에 놓아주며 '나는 네게 돌아올 거야.'라고 말하던 애빌린 생각이 났어요.
에드워드는 혼자 중얼거렸죠.
'아니, 아니야. 믿지 마. 믿으면 안 돼.'
하지만 너무 늦었어요.
'누군가 올 거야.'
도자기 인형의 마음이 다시 열리기 시작했던 거예요.

나는 이 부분에서 문득 믿고 싶은 마음과 믿고 싶지 않은 마음의 갈등을 느꼈다. 나라면 어떻게 믿을까하는 생각이 들었다. 나 또한 살면서 사랑하는 사람들을 믿고 싶지만 흔들리는 나를 볼 때마다 힘들었던 일이 있었기에, 누군가에게는 그저 아이들 동화책이었겠지만, 나에게는 인생이었음을 생각하게 만든 책이다.
사무엘 잭슨은 '사람은 자신이 읽고 싶은 책을 읽어야 한다. 우리들이 일거리처럼 읽은 책은 대부분 몸에 새겨지지 않기 때문이다.'라고 했다. 내가 읽고 싶은 책을 한번에 알아볼 수 있는 느낌이 다른 책을 만나보자.

02 인생 역전에 성공한 그들의 비밀

정선하여 읽혀진 작은 책 안에 얼마나 거대한 부가 잠재되어 있는가? 수천 년 동안 문명국에서 선택된 가장 현명한 사람들, 그들의 지혜의 소산이 잘 정리된 채 우리에게 주어져 있는 것이다. 우리는 우리의 생활에 있어서 가장 중요한 정신적 기반을 올바른 책에서 얻을 수 있다.
– 에머슨

나의 과거는 초라했지만,

지금 나는 찬란하다

과거를 행복하게 기억하는 사람이 몇이나 될까? 나 또한 과거에 대해 기억하고 싶은 것보다는 기억하고 싶지 않은 것들이 많다. 왜냐면, 부끄럽기도 한, 어느 누구보다 초라한 삶이었기 때문이다. 과거보다는 지금을 기억하고 싶은 사람이 많을 것이다. 초라한 삶을 살았을지라도 지금은 성공한 삶을 살고 있는 사람들을 보면, 나도 성공하고 싶다는 생각을 하는 사람들이 많을 것이다.

그렇기 때문에 우리는 성공한 사람들의 책을 보고 싶어하는 것일지도 모른다. 전 세계적으로 유명한 사람들도 있지만, 한 분야에서 성공한 사람으로 평가받는 사람들도 있다. 그들에겐 어떤 공통점들이 있을까? 성공한 사람들의 책을 볼 때는 왜 성공을 했는지에 대해서 생각해야 한다. 내가 생각하는 공통점은 단 한 가지이다. 자신의 일에 미쳤다는 것 즉 '또라이'가 된다는 것이다. 가슴에 손을 얹고 생각을 해보자. 과연 내가 성공하고 싶다는 말만 하지는 않았는지, 행동으로 옮기긴 했었는지.

1등 브랜드는 그냥 만들어지지 않는다

운전하는 사람이라면, 루마 썬팅에 대해서 모르는 사람이 없다고 한다. 나 역시 남편에게 물어 보니 썬팅 중에 루마 썬팅이 최고라고 이야기 해주었다.

루마코리아의 김우화 대표의 《나는 어떻게 1등 브랜드를 만들었는가》를 보면 그는 어린 시절부터 지독한 가난과 싸우며 살아야 했었다. 낮에는 구두를 닦으면서 돈을 벌어서 가족의 생계를 책임을 져야했고, 밤에는 학업의 끈을 놓지않고 야간고등학교를 다니며 대학까지 힘들게 졸업했다. 아무것도 모르고 썬팅 사업을 시작해서 10% 부족하면 10% 더 노력하면 된다라는 지독한 근성으로 지금의 루마코리아가 있었다고 한다.

《나는 어떻게 1등 브랜드를 만들었는가》를 보자.

> 우리 회사처럼 작은 기업들은 5년 후 보다는 당장 올해에 살아남을 수 있는 전략을 세우는 것이 더 중요하다. 가장 우선으로 살아남을 수 있는 전략을 세워야 한다. 오늘 하루를 넘겨야 한 달을 넘기고 올 한 해 살아남아야 다음 해도 기약할 수 있는 것 아닌가. 누가 뭐래도 현재 지금 이 순간이 가장 중요하다.

나도 이 글에 공감을 했었다. 이건 비단 회사만의 이야기가 아니고 독서에서도 적용해 볼 수 있다. 오늘 하루를 위해 독서 한 권을 시작하는 것이다. 오늘 하루 1일 1독을 했다면 내일도 할 수 있는 것이고, 1주일을 넘길 수 있는 것이다. 지금 이 순간에 책 한 권에 충실하는 습관이라면 그 어떤 것이라도 할 수 있는 자신감을 가질 수 있다. 마치 하루살이를 사는 것처럼 책을 읽는 순간만큼은 책에 충실해보자.

고전 독서로
성공한 사람

자유주의 사상의 고전이라 불리우는 《자유론》의 저자 존 스튜어트 밀은 인문고전 독서로 인해 다른 사람보다 25년 빨리 성공했다고 자서전을 통해 이야기했다. 위키피디아 백과에 나와 있는 그에 대해 좀 더 살펴보면, 여덟 살이 될 때까지 그는 이솝의 《우화들》, 크세노폰이 쓴 《퀴로스 왕의 아시아 원정기》(Anabasis), 헤로도토스의 《역사》를 그리스어로 읽었고, 루키아노스, 디오게네스 라에르티오스, 이소크라테스 그리고 플라톤의 《대화》편 중 여섯 편을 그리스어 문장으로 접했다. 아울러 영어문헌으로는 대단히 많은 분량의 역사책들을 읽었으며, 여덟 살부터는 라틴어와 유클리드와 대수(algebra)를 배우기 시작했고, 동생들에게는 가정교사 역할을 수행했다. 여전히 주로 역사책을 읽었는데, 호라티우스, 오비디우스, 베르길리우스, 타키투스, 호메로스, 디오니소스, 소포클레스, 유리피데스, 아리스토파네스, 투키디데스 등 당시 일반 학교와 대학에서 읽히던 라틴어와 그리스어 고전 작품들을 모두 섭렵했다. 열 살이 되었을 때에는 플라톤이나 데모스테네스의 원전을 술술 읽을 수 있을 정도가 되었다고 한다.

존 스튜어트 밀은 인문고전을 다른 그 누구보다 더 열심히 읽었기 때문에 다른 사람보다 더 빨리 성공할 수 있었다. 현대에도 이렇게 인문고전에 빠진 사람들이 있다면 바로 경영자들이다. 그들은《군주론》,《삼국지》,《장자》,《한비자》등의 인문고전이라 불리는 책을 읽고 있는 것이다.

처음부터 인문고전을 읽는다는 것에 부담을 느낀다면, 만화로 나오는 것을 추천한다. 만화로 한번 보고나서 이제 읽어도 되겠다싶은 자신감이 생긴다면 도전하는 것이다. 가위바위보도 삼세판인 것처럼 읽다 힘들면 한 번씩 쉬면서 책을 읽어보자. 너무 조바심을 내면서 스스로에게 힘들게 할 필요는 없다는 게 내 생각이다. 나 또한 인문고전을 읽을 때면 한 장을 넘기기가 어려워서 아주 천천히 읽는다. 하지만 포기는 하지 않는다.

인생역전에 성공한 그들은 자신의 일에 미쳤으며, 엄청난 노력을 기울였다. 인생역전의 대표 주자인 로또나 부동산, 주식에 올인 하기보다는 독서에 올인 해보자. 한권으로 성공할 수는 없을 것이다. 하지만 꾸준히 노력을 한다면 성공한다. 책을 통해 성공한 사람들의 비밀을 알게 된다면, 아는 것에 그치지 말고 행동으로 옮겨야 한다. 성공한 사람들은 끊임없이 노력을 했고 그 노력이 과해서 미친 것으로 보일 정도였다. 성공한 사람들은 노력과 행동, 추진력을 가지고 있다. 그러나 실패한 사람들은 게으

름, 중도 포기라는 점을 가지고 있다. 단 한 가지, 1일 1독을 성공하고 꾸준히 유지한다면, 이미 성공자의 길에 들어서게 될 것이다.

03 어떤 목적을 위해 책을 읽을 것인가

책을 읽으려고 하는 열성스런 사람과 책이 있었으면 하고 무료해 하는 사람 사이에는 커다란 차이가 있다.
– 체스터턴

스펙을 위한 사회를 사는 사람들

대학을 다니는 20대는 스펙을 쌓기 위해 각종 학원을 다니는 세대이다. 졸업하고 대학원에 진학을 해서 석사, 박사과정을 이수하는 사람들이 많다. 그러다 보니 자연스럽게 우리 사회는 고학력을 가진 사람들이 늘고 있으나 취업의 문턱은 역설적으로 높다. 오히려 취직을 하기엔 너무 스펙이 높아서 가지고 있는 학력을 속이고 낮게 회사를 지원하는 경우도 있다는 얘기가 심심치 않게 들려온다. 어쩌다 우리 사회가 이렇게 학력 인플레가 되었을까?

내가 있는 치과계에도 고스펙을 가진 사람이 많다는 얘기를 들은 적이 있다. 내가 학교를 졸업할 당시만 해도 3년제 전문대학밖에 없어서 대다수가 전문학사를 가진 치과위생사들 뿐이었다. 하지만 학제가 바뀌어 학사를 가진 치과위생사들도 많아졌고 더 나아가 대학원에서 석사, 박사를 가진 사람들도 많고 넘친다는 얘기를 어느 교수님께 들은 적이 있다. 내 주위에도 대학원을 다닌 사람들이 많은데, 오랜 임상경력을 바탕으로 더 높은 배움을 찾아 대학원에 진학한 것이다. 나 또한 배움을 위해 대학원에 진학했다. 하지만 막상 대학원을 다녀보니, 공부를 아무나 하는 것이 아님을 몸소 느끼고 있다.

내가 대학원 진학을 결정했을 때 남편이 나에게 이렇게 물어본 적이 있다.

"대학원 가서 석사를 따면, 원장님이 월급을 올려주는 거야?"

"아니, 그냥 내가 좀 더 치위생에 대해서 공부해보고 싶어서, 더 늦으면 하고 싶어도 못할까봐 해볼려구."

"근데, 왜 가는거야?"

이 물음에 나는 어떻게 대답을 했어야 했을까? 지금의 공부를 더 해야만 했을까? 아니면 학사취득까지만 해야 했을까? 나는 내가 더 하고 싶은 공부가 있으니까라고 대답하고 싶다. 누군가에게 보여지기 위한 스펙보다는 내 만족을 위한 공부를 하기 위함이라고 말하고 싶었다.

이왕이면 독서로
스펙을 만들어라

누군가에게 보여주기 위해서 스펙을 쌓기 보다는 나를 위한 스펙을 쌓으라고 얘기하고 싶다. 나의 최고 스펙은 독서가 아닐까 싶다. 독서를 통해 생각이 변하고 행동이 변화하는 삶이야 말로 독서의 매력이 아닐까 싶다. 책을 읽는다는 것은 글자만 읽는 것이 아니라 그 안에 있는 숨은 뜻을 알아가는 숨은그림찾기와 같다. 숨은그림찾기를 할 때, 우리는 전체적인 그림 안에서 무엇을 찾아야 하는지 사물을 파악하고 하나하나 찾다가 다 찾는 순간 희열감을 느끼게 된다. 독서를 해야겠다는 막연한 생각을 가지고 독서를 하지 말고 목적을 가지고 해야 한다. 두루뭉실한 목표는 없느니만 못한 것과 같다.

어떤 분야에 있어서 최고가 되기 위해서는 최소한 50권의 책을 읽고, 그것에 대해서 생각을 하는 시간이 필요하다. 그것을 자료로 남겨서 시간이 날 때마다 확인해 보는 습관이 필요하다. 그러다 보면 나도 모르게 그 분야의 전문가가 되어 있을 것이다. 자격증을 따서 스펙을 쌓기보다는 내 스스로의 능력과 다른 사람과의 차이를 만드는 것이 진정한 스펙이다. 그 바탕에는 독서라는 것이 베이스로 깔려있어야 한다. 수박 겉핥기식으로 아는 것보다는 하나를 알더라도 깊이를 알고 있는 것이 중요하다. 다른 사람하고의 차별을 만들 스펙이 무엇인지 곰곰이 생각을 해봐야 한다.

곧 있으면 취업시즌이 다가 온다. 이때 이력서와 함께 자기소개서를 써야 한다. 이때 자기소개서에 무엇을 이야기 할 것인가가 취업의 당락을 결정하게 될 것이다. 그 이유 중 하나는 요새는 취업지원을 이메일로 하기 때문에 다 비슷한 내용의 이력서를 보내게 된다. 누군가에게 도움을 받아서 자기소개서의 양식을 카피하듯이 하는 것은 좋은 인상을 주지 못한다. 하지만 자기소개서야말로 나를 보여줄 수 있는 포인트라고 한다. 나 또한 직원을 채용할 때, 이력서보다는 자기소개서를 유심히 보는 편이다. 자기소개서 안에는 그 사람의 인생을 축약해서 이야기를 적어놓기 마련이다. 그러나 정말 핵심이 되는 내용이 없고 단순히 영화보기나 운동에 대해 적어 놓든가 하는데, 독서에 대해 이야기하는 사람들은 거의 없었다. 독서를 하는 사람이라면 어떠한 책을 읽었고, 그것에 대한 간단한 서평까지 적어 놓기를 바란다. 그러면 나는 이 사람은 어떤 사람인가 궁금증이 더해져서 '한번 만나보고 싶다.' 라는 생각을 할 것이다. 면접관에게 궁금함을 갖게 만드는 것이 자기소개서의 포인트일 것이다. 자기소개서에 특별함을 더해 주는 것으로 독서를 추천하고 싶다. 그동안 내가 읽은 책들에 대해서 적어보고, 그 책을 통해 내가 이렇게 변했다는 코멘트만 있더라도 그 사람을 만나보고 싶을 것이다. 이제 당신을 위한 스펙을 무엇으로 할 것인가? 남들이 다한다는 자격증 따기에만 올인할 것인가, 아니면 특별함을 만들것인가?

나의 마음의 치유를
위해 책을 읽었다

최근 책 출판의 트렌드는 심리에 대한 이야기들이 많이 나오고 있는데 대표적인 것이 《미움받을 용기》이다. 심리학의 3대 거장으로 알려진 알프레드 아들러(Alfred Adler)의 '개인 심리학'에 영향을 받은 기시미 이치로와 고가 후미타케가 지은 책이다. 이 책은 베스트셀러이자 아들러 열풍을 몰고 왔고 그 뒤 잇달아 《엄마를 위한 미움받을 용기》《아들러 심리학을 읽는 밤》《아버지를 위한 상처받을 용기》《아들러 심리학》《행복해질 용기》《버려내는 용기》《늙어갈 용기》《엄마가 믿는 만큼 크는 아이》《아들러 심리학 용기》《필사의 발견 오늘, 행복을 쓰다》《아들러에게 인간관계를 묻다》 등의 책들이 출간되었다.

내 지인 중 Y양은 인간관계 때문에 힘든 일을 겪게 되었다. 이때 만난 책이 《미움받을 용기》였다. Y양은 책을 통해 마음을 치유받는 느낌을 받았다고 한다.

《미움받을 용기》를 보면 인간관계에 대해서 이렇게 얘기하고 있다.

> 철학자 : 인간은 모두 인간관계로 고민하고 괴로워하네. 이를테면 부모님과 형과의 관계일 수도 있고, 직장동료와의 관계일 수도 있지. 그리고 지난 번에 자네가 말했지? 더 구체적인 방법이 필요하다고. 내 제안은 이것이네. 먼저 '이것은 누구의 과제인가'를 생각하게. 그리고 과제를 분리하게. 어디까지가 내 과제이고, 어디서부터가 타인의 과제인가. 냉정하게 선을 긋는 걸세. 그리고 누구도 내 과제에 개입시키지 말고, 나도 타인의 과제에 개입하지 않는다. 이것이야말로 구체적이고도 대인관계의 고민을 단숨에 해결할 수 있는, 아들러 심리학만의 획기적인 점이라고 할 수 있지.
>
> 청 년 : ……아하, 오늘의 과제가 '자유'라고 했던 의미를 조금은 알 것 같습니다.
>
> 철학자 : 그래. 우리는 지금 '자유'에 관해 논하려는 걸세.

모든 면에서 해결책이 되지는 않겠지만, 일부나마 마음의 위안을 얻고 알프레드 아들러(Alfred Adler)의 심리학에 대해 호기심이 생기게 되어서 또 다른 심리학 책을 구매해서 읽고 있다는 얘기를 들었다. 사람들은 누군가에게 말을 함으로써 위로를 받는 사람이 있는가하면 소통을 통해 위로를 받는 사람이 있는 것 같다.

누구나 눈으로 읽는 것보다는 목적을 가지고 책을 읽는 것이 나에게 하나라도 남는 것이 있을 것이다. 나도 법륜 스님의《엄마수업》을 통해서 나에게 집중할 수 있는 기회를 주었던 것처럼, 나의 지인인 Y양의 마음에《미움받을 용기》가 심리학에 대한 호기심을 주었던 것처럼 말이다. 그 목적이 우리를 한 단계 업그레이드 해 줄 수 있는 기회일 것이다.

04

책 표지와 추천사에
현혹되지 마라

책은 읽기 위한 것이지 장식해두기 위한 것은 아니다.
책은 존경심을 품고 다루어야 한다.   - 임마누엘

겉모습에
혹하지 마라

가끔 연예기사에 오르내리는 가십거리 중 하나가 쇼윈도 부부 얘기이다. 잉꼬부부처럼 다정하게 TV에 출현을 했다가 어느날 갑자기 이혼기사가 나오게 된다. 사람들은 그 기사를 보면서 그럴 줄은 몰랐다며 깜짝 놀라기도 하고, 부부 사이의 일은 정말 부부 밖에 모르는 일이라고 치부하곤 한다. 가끔 내 주위에 있는 부부들 사이를 봐도 그렇다. 다같이 만날 때는 배려있고, 이해심 있는

사람이라고 생각을 했는데, 집에서는 다른 모습으로 돌변한다고 한다. 정말 사이가 좋아서 주위에서 부럽다고 얘기를 듣는 부부 중에는 사실상 쇼윈도 부부로 살아가는 사람들이 의외로 많다. 쇼윈도 부부란, 실제로는 행복한 결혼생활을 하고 있지 못하지만 주변의 시선을 의식하여 마치 잉꼬부부인 것처럼 행동하는 부부를 뜻한다.

겉 모습에 현혹되지 않기 위해서는 내가 경험을 해보는 것이 제일 좋은데, 나의 미래에 대한 불안으로 나의 이미지만 포장을 하고 있는 건 아닌지 한번 생각해보게 되었다.

책 표지와 추천사에 현혹되지 마라

강의를 하는 날이면, 머리부터 발끝까지 신경을 쓰고 나가게 된다. 화장도 이쁘게 하고 정장, 구두, 가방까지 신경을 쓰고 마지막엔 향수까지 뿌려야 마음이 편해진다. 나의 이름을 걸고 하는 강의이기 때문에 보여지는 부분도 무시할 수 없기에 더욱 신경을 쓰는 것이다. 강의를 들으러 갔는데, 강사가 청바지에 티셔츠 차림에 '생얼'로 강의를 한다면, 아무도 좋아하지 않을 것이다. 그렇다면, 책의 얼굴은 어디가 될까?

책의 얼굴은 표지라고 생각한다. 표지가 어떻게 디자인이 되었느냐에 따라서 사람들의 시선을 끌기도 하고 그냥 지나치게 만들기도 한다. 하지만 온라인 서점에서 내가 산 책 중에 목차가 괜찮아서 구매를 했는데, 책의 표지가 별로여서 실망이었던 적이 있다. 아마 오프라인 서점에서 봤다면 전혀 내 눈길을 끌지 못해서 구매를 안했을 것 같은 표지였다. 그래도 책의 내용은 굉장히 탄탄해서 내심 다행으로 여겼다. 책을 선택할 때는 표지가 화려하고 예쁜 것에 현혹되어 구매하지 말고 목차를 살펴보면서 책을 구매해 보자.

책을 선택하다보면, 책 띠지에 추천사가 있는 책을 보게 된다. 예전에는 좋은 책이라서 추천사를 이렇게 해주는구나 생각해서 책을 구매했다. 지금은 책을 선택하는데 추천사는 그렇게 영향을 끼치지 않는 편이다. 그 이유는 추천사는 작가의 인맥에 의해서 써준다는 것을 알게 되었기 때문이다. 대부분의 책이 다 그런 것은 아니겠지만, 누군가의 추천으로 책을 선택하기보다는 스스로 책의 목차를 보고 선택하는 것이 낫겠다는 생각이 든다. 간혹 외국작가의 책에도 추천사가 있는데, 이때는 좀 유심히 보는 편이다. 외국작가의 책을 추천해주기란 쉽지 않을뿐더러, 본인이 책을 읽고 느낀 점을 담백하게 적은 경우를 보았기 때문이다. 나 역시 책을 읽으면서 추천사를 써준 사람들이 어느 부분에서 감동을 받은 것인지 곰곰이 생각하며 책을 읽는 편이다.

　나 또한 책에 대한 서평을 하지만, 가끔 마음에 들지 않은 책이 있다. 사람마다 느끼는 점이 다르기 때문이다. 100권 플랜을 하면서 책 선택을 하는데, 한번도 실패하지 않고 읽는 책마다 감탄을 계속했는데, 딱 한 권은 아니었다. 그 책의 제목은 밝힐 수는 없지만 목차는 괜찮았지만 마음의 울림을 듣지 못했기 때문이다. 직장 생활을 하고 강의도 하는 등 하루를 그 누구보다 바쁘게 살아가는 사람으로서 시간을 투자해서 읽은 것인데, 읽는 내내 마음이 굉장히 불편했다. 왠지 내가 그 사람의 하소연을 들어준 것 같은 생각도 들고 해서 말이다. 결국엔 책을 다 읽지 못하고 다른 책을 읽으면서 내 마음을 다시 치유하는 것으로 매듭을 짓게 되었다. 아마 그 작가가 또 책을 낸다면, 사지 않을지도 모른다.

　그와 다르게 제목, 표지가 어떻게 보면 화려하지도 않고 평범해 보이는 책이었지만, 굉장한 느낌을 받은 책도 있다. 그 책은 김훈 작가의《라면을 끓이며》인데, 책 표지로만 보면 선택하지 않았을 것이다. 하지만 김훈 작가가 집필했다는 점과 라면이라는 주제를 어떻게 글로 풀어서 썼는지가 궁금해서 보게 되었는데, 읽어보길 잘했다는 생각이 들었다. 본인의 라면을 끓이는 방법에 대해서 묘사한 부분에서는 머릿속에서 상상하게 만드는 매력이 있는 책이었다. 무언가를 하기 전에 머릿속에서 시뮬레이션을 돌린다고 하는 것처럼 딱 그런 거였다. 주위에도 읽으신 분들이 있어서 나와 비슷한 느낌을 받은 사람들이 많았다. 읽은 이들 모두가 결국엔 김훈 작가가 적어 놓은 요리법대로 라면을 끓여 먹어보겠다고 했다.

책은 겉에서 보이는 부분보다 안에 적혀 있는 글의 내용이 중요한 것이다. 책을 볼 때 너무 디자인이나 제목에만 끌려서 선택을 하기보다 목차를 보면서 살펴보거나 블로그에 소개되어 있는 책에 대해 살펴본 후에 구입을 하는 것도 좋은 방법이다. 추천사가 너무 많은 책들은 돌다리도 두드리고 건너가는 심정으로 살펴보는 것이 좋다. 이왕이면 나에게 맞는 좋은 책들을 선별할 수 있는 눈을 키우는 노력을 해보자.

누군가에게
설득당하기는 쉽다

사람들을 만나다보면 언변이 뛰어난 사람이 있는데, 그런 사람에게 우리는 홀린다고 이야기를 한다. 내실이 탄탄한 사람도 있지만, 겉만 번지르한 사람도 있을 것이다. 이것을 판단하는 것은 오롯이 나의 몫으로 남게 된다. 그 판단의 결과에 따라 후회를 할 것인지 아니면, 기뻐할 것인지 결정이 되는 것이다. 책도 마찬가지다. 어떤 책을 만나느냐에 따라서 판단을 하는 방향이 달라질 것이다. 이왕이면 행복함이나 기쁨을 누릴 수 있는 책을 만나면 더 좋을 것이다. 나 역시도 책을 만날 때마다 신중함을 기하면서 만나고 있다. 그 책에서 한 가지라도 배울 수 있고, 나를 채울 수 있는 책을 만나기 위해서말이다. 하지만 항상 책을 고를 때마다 나의 판단이 옳았다고 믿고 있다. 그건 그 누구의 선택이 아닌 나의 선택이기 때문이다. 어떠한 책을 고를지는 당신의 선택에 달려있다. 책의 표지나 추천사에 현혹되기보다는 나의 판단을 믿고 선택하는 건 어떨까?

05

생각을 하게 하는
책을 읽어라

모든 훌륭한 책 속에는 싫증나는 부분이 있고, 모든 훌륭한 사람의 생애에는 흥미 없는 범위를 포함하고 있다.
― 러셀

베짱이가 될 것인가
아니면 개미가 될 것인가

초등학교 시절 《개미와 베짱이》를 읽은 적이 있을 것이다. 게으르고 놀기만 하는 베짱이와 부지런히 일하는 개미의 이야기는 다 알 것이다. 그때는 이 책의 핵심이 지금을 즐기기보다는 미래에 대비하는 사람이 되자는 것이 요지였지만, 요즘에는 거꾸로 개미는 일만 하는 사람으로, 베짱이는 꿈을 찾아 노력하는 사람으로 과거에 비해 의미가 완전히 뒤바뀌어 버렸다. 개미는 미래만 대비하다가 현재를 즐기지 못한다는 해석이다. 어린 시절 읽었을 때와 성인이 된 후에 읽은 개미와 베짱이의 의미가 많이 달라진 것이다.

'오늘은 또 다시 없어' 라는 구절을 보고서 많이 생각했다. 나 또한 오늘 하루의 소중함을 알기에 하루하루 열심히 살고 나의 꿈을 향해서 전진을 하고 있기 때문이다. 반면에 얼마나 미래에 대한 불안이 많으면 베짱이 찬가라는 노래까지 나왔을까하는 생각이 들었다. 현재의 청년층이 많이 불안하다는 기사가 나오니 슬프기까지 하다.

나의 미래에 대해 걱정이 된다면서 스펙에만 목숨을 거는 사람들이 늘어나고 있어서 고학력에 대한 부작용이 심심치 않게 거론되고 있다. 미래에 대한 걱정을 한다면, 책을 읽어야 하는데 책을 읽지 않는 사람들이 늘어나고 있고, 보고 잊어버리는 SNS만 하는 사람들도 있다. SNS가 나쁘다는 것이 아니라 지식은 머릿속에 축적하고 생각을 해야 하는 것인데, 그와는 동떨어진 세대가 되어버린 것 같아 속상하다.

어떤 책을
볼 것인가

지식을 습득하기 위해서는 교과서나 책을 보아야 한다. 하지만 교과서는 공부와 관련이 있어서 보게 되지만 책은 필요없다고 생각하는 사람들로 독서인구가 줄고 있다. 1년에 한 권도 보지 않는 사람들이 늘어나고 있다고 한다. 책은 단지 지식만을 위해서 보는 것이 아니다. 지식이라면 만화책에서도 굉장한 양을 얻을 수 있다. 내가 즐겨보던 만화는 《미스터 초밥왕》《신의 물방울》인데, 그 중에서도 《미스터 초밥왕》은 5번 이상은 본 것 같다. 초밥에 대해서 잘 모르던 때에 심심해서 시간이나 때울까해서 보기 시작했는데, 일식에 대한 다양한 지식을 얻을 수가 있었다. 세키구치 쇼타라는 주인공이 도쿄의 유명한 초밥집에 막내로 시작해서 다양한 초밥을 배워 간다. 차츰 생선을 다루는 것이라든지, 초밥을 먹는 순서 등을 익혀서 자기의 고향으로 돌아가는 것으로 막이 내린다. 만화책에서 조차 지식을 얻을 수가 있지만 그것을 내 것으로 만드는 과정, 즉 생각을 어떻게 하느냐에 달린 것이다. 처음부터 너무 어려운 책을 읽는다면 힘들겠지만 가볍게 만화책으로 시작해서 일반 책으로 이어지게 할 수도 있다. 와인인에게 필수 독서로 읽혀지는 《신의 물방울》이 있다. 와인에 대한 지식을 만화로 보면서 와인에 대해 흥미를 느꼈다는 사람들이 많다. 이 책은 배우 배용준도 추천했던 책이다.

    지식은 다양하게 얻을 수 있지만, 그것을 내 것으로 만들려고 노력해야 한다. 나 또한 책을 읽으면서 메모를 하고 다시 정리하는 과정을 통해서 내 것으로 만들기 위해 항상 노력하고 있다. 주위에서 제일 부러운 사람은 책을 많이 읽고 그것을 머릿속으로 넣은 사람이다. 언제 어디서든지 좋은 얘기를 들을 수 있기도 하고, 얘기를 할 때 들어보면 그 사람의 탄탄한 내공을 볼 수 있기 때문이다.

이제는 책을 볼 때도 내가 어떤 것을 얻을 것인가에 포인트를 맞추어서 책을 선택해야 하는 것이다. 보기만 할 거면, 왜 책을 보겠는가? 내 것으로 만들기 위해 책을 보는 것이다. 대체적으로 생각을 많이 하게 하는 책이란 따로 있는 것이 아니라 나의 상황에 맞는 책이어야 의미가 있다. 소설 책을 볼 때도 나라면 이 상황에서 어떻게 했을까라는 생각을 하게 되고, 자기계발서를 보면서도 이제 나를 이렇게 바꾸어 나가야겠다고 생각하기도 한다. 계획을 세우면서 내 것으로 만들기 위해 부던히 노력을 한다. 일이 안 풀릴 때 슬럼프에 빠져있지 말고 그 책을 보면서 나의 다짐을 한번 더 생각해보는 것이다.

경영자의 마음으로
읽어라

최고경영자들은 인문학에 빠져있다는 기사를 본 적이 있다. 인문학이란 시대를 초월해 기본으로 돌아가는 것이다. 기본은 변하지 않는 것이기 때문에 경영자들이 인문학을 읽는 것이라고 생각한다. 우리는 스스로를 경영하면서 발전을 시켜야 한다. 자기경영노트를 검색만 해봐도 《피터 드러커의 자기경영노트》 김승호의 《자기경영노트》 등 많은 책이 나와 있다. 이 책들을 읽으면서 나를 어떻게 경영해야 할지 고민을 해보는 것이다. 고민을 한다는 것은 생각을 하는 것이고, 나의 방법을 찾는 과정이다. 나 또한 자기계발서를 읽다가도 인문학 책을 보는데, 한 장을 넘기기가 어렵다. 한 줄 읽고 생각하고 또 한 줄을 읽고 생각하기를 반복하기 때문이다. 책을 읽다가도 모르는 부분이 나오면, 인터넷으로 검색을 하기도 하고 필요한 부분은 메모를 하면서 정리를 해야 한다. 그래야 다음에 보게 되더라도 이해를 할 수 있기 때문이다.

평생을 살면서 얼마나 많은 책을 만날지는 모르지만, 그 책 중에 한 권이라도 생각을 하게 하는 책을 만나게 된다면, 그건 행운일 것이다. 나의 인생이 변화하는 시발점이 될 수도 있기 때문이다. 변화를 두려워하기보다는 변화를 즐기는 마음을 가져보자. 스스로를 경영할 수 있는 사람이 된다면, 그 어떤 것에도 두려움이 없을 것이다. 단 한 권의, 생각하게 하는 책이 당신을 변화시킬 것이다. 늦었다고 할 때가 제일 빠르다는 말처럼 그 책을 지금이라도 1일 1독을 통해서 찾아보는 것은 어떨까? 하루에 한 권의 기적을 이 책을 보는 독자들도 한번 느껴보는 건 어떨까.

06
저자가 추천하는 책을 읽어라

사람들은 죽어도 책은 결코 죽지 않는다. 어떤 힘도 기억을 제어할 수는 없다. 책은 무기다. – 시어도어 루스벨트, 미국 제 26대 대통령

시간이 흐를수록
가치가 있다는 건

1992년 4월 11일 MBC 특종 TV연예라는 프로그램에서 한 신인그룹이 데뷔를 했다. 그 프로는 신인가수들의 경연으로 10점 만으로 점수를 발표를 했었는데, 7.8점이라는 최하위를 차지했다. 과연 이들이 성공할 수 있을까하는 의문과는 반대로 하루하루 음반판매가 높아만 갔고, 최하위 점수를 준 당시 심시위원들을 머쓱하게 만들었다. 이 신입그룹은 정규앨범을 4집까지 내고 1996년

1월 31일 기자회견을 통해 공식은퇴를 선언했다. 한국의 음악 역사를 바꾼 것으로 평가되고 있는 이 신인그룹은 한국의 대중음악을 뒤흔든 그룹 '서태지와 아이들'이다. '서태지와 아이들'을 중심으로 한국 음악시장의 판도가 변하였고, 이 그룹의 리더인 서태지는 '문화대통령'이란 별칭으로 불렸다. 나 역시 중학교 1학년 때 '서태지와 아이들'의 음악을 듣고서는 열혈 팬으로 활동을 할 정도로 미쳐있었던 것 같다. 앨범이나, 책자 등을 사 모으면서 '서태지와 아이들'에게 홀딱 반했었다. 나만 그런 것은 아니었다. 그 시대를 살았던 사람들 중에 서태지와 아이들의 팬이 아닌 사람들을 찾는 게 힘들 것이다. 지금 30대 중반이 되었지만, 아직까지 서태지가 나올 때면 설렌다. 나에게 서태지는 중·고등학교를 같이 한 학창시절의 친구와도 같은 존재였다.

시간이 흐를수록 가치가 더해간다는 것은 굉장한 의미를 지닌다. 내가 서태지를 떠올릴 때면, 나의 학창시절도 같이 떠올릴 수 있었던 것처럼 말이다. 누구나 시간이 지날수록 가치가 있는 사람이 되기를 바란다. 나 또한 그런 사람이기를 바란다.

가장 많이 책을
읽는 사람은

 책을 읽고 싶지만, 책을 선택함에 있어서 고민을 하는 사람들이 있을 것이다. 책을 많이 읽지 않는 우리들 중에서 가장 많이 읽는 사람은 누구일까? 그건 바로 작가들일 것이다. 글을 쓰는 작가들은 쓰기 위해서 많이 읽는다. 그 다음은 누가 제일 많이 읽을까? 아마도 경영자들일 것이다. 그 바쁜 시간을 쪼개가면서 손에 책을 놓지 않는다고 하니 얼마나 대단한 독서광들인가.

 가장 책을 많이 읽게 되는 작가들은 본인의 책을 쓰면서 그 안에 영향을 받았던 책들을 소개하기도 하고, 각종 인터뷰를 통해서 소개하기도 한다. 그때 이런 책들을 유심히 살펴보거나 스크랩을 해놓는다면 책을 선택하는데, 크게 도움이 될 것이라고 생각한다.

 만약 직장인들이 어떤 책을 읽을까 고민 중이라면, 파워블로거 '리치보이' 김은섭이 엄선한 직장인 필독서 《질문을 던져라 책이 답한다》를 권해주고 싶다. 책을 읽고 싶지만 무슨 책을 읽어야 할지 고민하는 직장인들에게 직장생활과 인생에 도움을 주는 책들을 소개한다. 자신의 블로그에 「직장인, 이럴 땐 이 책을 읽어라」라는 주제로 서평을 올리고 있는데, 저자가 엄선한 쉽고 알찬 경제경영서와 자기계발 분야가 눈에 띈다. 블로그에 있는 600여 개의 서평 중에서 특히 직장인들에게 공감과 호응을 이끌어냈던 책들을 선별해 놓았다. 직장인이라면 누구나 고민하는 10가지 질문을 선정하고, 그에 대한 답을 제시할 수 있는 책들을 소개했는데, 그 중에 내가 가장 관심있게 보았던 부분은 독서법 분야였다.

평생 책을 즐긴 독서고수에게 한 수 배워라《독서-김열규 교수의 열정적 책읽기》
'지금 끌리는 책'을 '당장' 읽어라《전략적 책읽기》
자신만의 행복한 독서법을 찾으라《생산적 책읽기 50》
토종 책벌레가 공개하는 책맹(冊盲) 탈출법!《책 읽는 책》
직장인의 생존 경쟁력, 답은 독서다《읽어야 이긴다》
알고 싶은 부분만 골라 읽는 실용독서란 이런 것!《핵심만 골라 읽는 실용독서의 기술》

작가가 소개하는 책들은 분명 이유가 있기에 소개할 것이다. 그렇기에 책을 선택함에 주저하고 있다면, 반드시 참고해서 보기 바란다. 나 또한 저자가 소개한 책 중에서《전략적 책읽기》,《생산적 책읽기 50》을 이미 읽었는데 독서법에 대해 알아가는 과정에 굉장한 도움이 되었다.

이젠 TV에서도
책을 소개한다

    누군가에게 책을 소개해 줄 때는 왜 소개를 하는지 자세히 설명해준다면 책에 대한 몰입도를 높일 수 있을 것이다. 어디선가 책에 대해 소개해 줄 프로그램이 있다면 얼마나 좋을까하는 생각을 할 때 TVN에서 '비밀독서단'이라는 프로그램을 보게 되었다. 한 가지의 주제를 가지고 패널들이 각자 책을 추천하고 마음에 와닿았던 부분들을 이야기 한다. 그것에 대해 다른 패널들의 의견이 더해지는 것이다. 이 프로그램은 처음에는 호기심으로 보게 되었지만, 지금은 기다려지는 프로그램이 되었다. 아직 7회밖에 되지 않았지만 앞으로가 더 기대가 되는 프로그램이다. (2015.10.25. 기준)

    이 프로그램에서 방송된 책을 소개하자면, 《다윗과 골리앗》《송곳》《동화독법》《잠언과성찰》《당신의 이름을 지어다가 며칠은 먹었다》《남자는 나쁘다》《오비디우스의 사랑의 기술》《페코로스, 어머니 만나러 갑니다》《윤미네집》《고령화가족》《마테오팔코네》《악당의 명언》《레토닉》《논쟁에서 이기는 38가지 방법》《지승호, 더 인터뷰》《자전거 여행》《먼 북소리》《필름 속을 걷다》《휴먼스 오브 뉴욕》《자본에 관한 불편한 진실》《미궁에 빠진 세계사의 100대 음모론》《좀비 서바이벌》《연필깎기의 정석》《이게 다 야구 때문이다》《장난아닌 장난감 피규어》 등이 있다. 여기에서 내가 읽은 책은 김훈 작가의 《자전거 여행》 밖에 없어 아쉬운 차에 작가가 최근에 산문집 《라면을 끓이며》를 출간했다. 제목처럼 라면 끓이는 것에 대해 얼마나 자세하고 세밀하게 적었는지, 머릿속으로도 상상을 할 수 있었다. 책을 읽는 내내 나의 상상력을 펼쳐가며 읽었다. 이렇게 한 프로그램에서도 많은 책들을 소개한다. 책 선택에 어려움이 있다면 이렇게 소개된 책을 한 권만이라도 읽어 보기 시작하자. 그 책을 시작으로 끌리는 작가가 있다면 또 다른 책을 읽는 방법을 해보자.

작가들은 자기의 책 안에 다른 책들을 소개하기도 하고, 인터뷰를 통해서 책을 소개하기도 한다.

이렇게 작가가 소개하는 책들은 작가에게 영감을 주었거나 아니면 큰 영향을 끼친 책들이다. 나 역시 다른 사람들에게 소개하는 책들은 내가 감동을 받았던 책이거나, 같이 읽었으면 하는 책들이다. 작가와 같은 생각을 하고 싶다면, 한번 소개된 책들을 읽어보자.

사람들은 죽어도 책은 결코 죽지 않는다 라는 말이 있다. 책은 사라지지 않고 영원히 남아있을 것이다. 당신이 작가라면 어떤 책을 소개하겠는가. 이제 그 책을 찾아보자.

07
책 속에 소개된 책을 읽어라

같은 책을 읽었다는 것은 사람들 사이를 이어주는 끈이다.
– 에머슨, 미국 철학자, 시인, 사상가

**숨은
보물찾기의 기억**

내가 초등학교를 다닐 때 한 학기에 한 번씩 소풍을 갔다. 소풍을 가면 항상 하는 것이 보물찾기였다. 선생님들이 어디엔가 숨겨 놓은 쪽지를 찾으면 쪽지에 적힌 선물을 타는 것이었다. 4학년 봄 소풍 보물찾기를 잊을 수가 없었는데, 쪽지는 딱 10개였고 그것을 찾기 위해 미친 듯이 여기저기를 찾아 다니고 있었다. 친구들이 여기저기서 "찾았다", "찾았어"라는 소리를 지를 때마다 속으로는 '아, 이제 9개 남았네.' '아, 이제 8개…' 이렇게 생각하면서 나도 빨리 찾아야 하는데, 왜 안보이는 거야라며 속상했었다. 그런데, 마지막에 바위 틈 속에 보이지 않게 숨겨져 있는 쪽지를 발견하고 큰 소리로 "찾았다"라고 소리를 쳤을 때의 기억이 난다. 그때의 기분이란 하늘의 별을 따서 내 품에 안고 있는 느낌이랄까? 지금 생각해도 흐뭇한 미소가 지어진다. 그때 찾았던 쪽지는 1등이어서 노트를 5권 상으로 받았던 기억이 난다. (지금과는 시대가 달라서 노트나 연필이 최고의 선물이었다.)

　　숨겨진 보물을 찾기 위해서 정신없이 바위틈을 뒤져야 했지만 책 속에서의 보물은 누구나 찾을 수가 있다. 책 속에는 또 다른 책이 있다? 무슨 얘기인지 어리둥절한 사람도 있겠지만, 고개를 끄덕이는 사람도 있을 것이다. 고개를 끄덕이는 사람들은 내가 본 책 안에 있는 책을 이미 찾은 사람일 것이다. 나도 처음에 책을 읽을 때는 관심있게 보지 않았기 때문에 지나쳤던 부분이었는데, 이제는 작가들의 책을 보면서 '이 작가는 어떤 책을 보고 이 이야기를 썼을까' 하는 생각을 하기 때문에 주의깊게 보고 있다. 책에는 작가의 생각과 이야기로 구성이 되는데, 아무래도 작가의 이야기만으로는 한계가 있기 때문에 다른 작가의 책에서 좋은 사례나 이야기가 있으면 옮겨 쓰게 되는 것이다.

나도 이 책을 쓰면서 최소한 100권의 책을 읽고, 책 속에 책을 찾아서 보기도 하고 내가 읽었던 책이 소개된 것을 보면서 흐뭇한 적도 있다. 책을 다양하게 읽은 사람이라면 나와 같은 경험을 한 두 번 정도는 했을거라고 생각한다. 이렇게 행복한 순간을 다시 한번 느껴보고 싶지 않은가? 이제 본격적으로 보물을 찾으러 책 속에 소개된 책을 찾아보자.

안상현 작가의 《통찰력을 길러주는 인문학 공부법》을 들여다 보자.

첫 번째, 책을 보면 작가의 소개란이 있는데, 작가의 간단한 약력과 함께 작가의 또다른 저서를 소개하고 있다.

만약 지금 읽고 있는 책이 맘에 들어, 작가의 다른 책이 궁금해 진다면 이 부분을 활용하는 것도 한 방법이 될 수 있다.

책의 앞날개에 저자의 약력과 함께 그동안 작가가 출판한 책을 소개하고 있는데 《생산적 책읽기 50》, 《생산적 책읽기 두 번째 이야기》, 《미치도록 나를 바꾸고 싶을 때》, 《두려워 마라 지나고 나면 별것 아니다》 등이 소개되고 있다. 이렇게 굳이 인터넷이 아니더라도 책 속에 자세히 소개되고 있으니 참고해보기 바란다.

두 번째, 책을 읽다 보면, 작가가 각 챕터별로 더 참고 해서 읽으면 좋은 책들을 소개하기도 한다.

글 속에서 책들을 소개하기도 하는데, 이때 소개된 책을 책의 앞장에 메모를 해서 찾아 보는 방법이다.

'세상을 놀라게 하려면 인문학이 필요하다'는 챕터를 살펴보면, 스티브 잡스의 독특한 세계에 대해 이야기한다. 마지막에 스티브 잡스와 관련한 인문학 책들이라고 해서 《CEO 스티브 잡스가 인문학자 스티브 잡스를 말하다》, 《잡스처럼 일한다는 것》, 《스티브 잡스 무한 혁신의 비밀》, 《어떻게 일할 것인가?》를 소개하고 있다. 만약 내가 스티브 잡스에 대해 더 궁금해지면 여기에 소개된 책을 참고해서 더 깊게 읽으면 된다.

책을 손에서 놓지 않는 몇 가지 방법을 살펴보면, 책 읽기에 대해서 시간이 없다면 시간을 쪼개서라도 볼 수 있으며, 책이란 계단을 오르듯 한 단계씩 좀 더 어려운 책에 도전하라고 얘기하면서 이렇게 적고 있다.

이때 한 단계 나아간 책들이란 저자가 직접 쓴 책들을 말한다. 미셸 푸코를 해설해주는 책들이 아니라 그가 직접 쓴 《감옥의 역사》, 《감시와 처벌》 같은 책을 읽어야 한다는 얘기다. 그런 점에서 살림출판사에서 간행되고 있는 지식총서는 유명한 인문학자들의 핵심을 잘 정리한 기본서로서 추천할 만하다.

나 역시 책을 보면서 이렇게 책 속의 책으로 작가가 소개되면 아무래도 더 믿음이 가기 때문에 더 꼼꼼히 살펴보고 있다.

세 번째, 책 속에서 저자가 소개하는 부록을 살펴보는 방법이다.
책을 보다보면 저자들이 나이 별이나, 독서 초급자, 중급자, 고급자로 나누어서 이 책 만큼은 읽었으면 좋겠다하는 책들이 있다. 이 부분을 부록으로 구성해 놓고 있는데, 이것을 참고해서 책을 보는 것이다. 어떤 책을 봐야할지 고민하지 않아도 되고 얼마나 좋은 방법인가.

또 다른 책으로 이지성 작가의 《리딩을 리드하라》를 살펴보면 이렇게 부록을 소개하고 있다.

부록1. 부모와 아이를 위한 인문고전 독서교육 가이드/ 인문고전 독서교육 참고도서/ 이지성의 인문고전 독서교육 단계별 추천도서
부록2. 성인을 위한 인문고전 독서 가이드 -인문고전 독서교육 참고도서/이지성의 인문고전 독서교육 단계별 추천도서
부록 3. 대표적인 인문고전 독서가들

《리딩을 리드하라》라는 한 권의 책을 읽었을 뿐인데, 나에게 또

다른 도전을 할 수 있는 여러 권의 책을 알게 되어 보물을 찾은 듯한 느낌이라고 하면 설명이 될까? 어쨌건 나는 부록을 보면서 행복해졌다.

네 번째, 책의 마지막 장을 잘 살펴보는 방법이다.

책은 저자가 쓰지만, 출판사는 책을 출판한다. 출판사에 따라서 나오는 책이 다르기 때문에 책의 마지막 장에 2~3권 정도의 책을 소개하고 있다. 이렇게 소개된 책을 참고하는 것도 좋은 방법이다. 임원화 작가의 《하루 10분독서의 힘》을 읽고 나서 마지막 장을 넘기는데, 거기에는 4권의 책이 소개되어 있었다. 《세종이라면》,《기적의 글쓰기 교실》,《48분 기적의 독서법》,《책에 미친 청춘》 이렇게 있었는데, 좀 더 독서에 대해 알고 싶어서 《48분 기적의 독서법》을 선택하는데 도움을 받았다.

이처럼 책 속에 소개된 책을 찾는다는 건 보물찾기와 같다고 생각한다. 누군가는 그냥 지나치거나 읽지 못하는 사람도 있는데, 누군가는 책 속에서 보물을 찾아서 내 것으로 만든다는 것은 굉장한 행운이다. 이 행운을 같이 누려보는 건 어떨까?

지금 읽고 있는 책에서 보물을 찾는 행운의 순간을 만나보자. 행운의 여신은 항상 당신의 옆에 있을 것이다.

08 문제에 답을 줄 책을 읽어라

나는 내가 배우고 있는 사람이라는 것을 알게 된 후부터 자유롭게 묻고 실험하고, 때로는 실패도 마다하지 않았다.
― 리처드 포스터

답을 하기 전에
문제를 이해해야 한다

지금 책을 쓰고 있는 이 시점이 수능이 얼마 남지 않은 때이다. 고3 때를 생각해 보면, 단 하루의 한 번의 시험이 나의 인생을 좌우할지도 모른다는 불안감에 1년을 보냈던 것 같다. 공부를 잘 했던 것도 아니기 때문에 더욱더 불안하기만 했다. 우리 학교에서는 아침 자율학습에다 야간 자율학습까지 강제로 진행했는데 나에겐 너무나 버거운 하루이기만 했다. 아무리 노력을 해도 성적은 오르지 않아서 속상하기만 했다. 내가 원하던 과는 커트라인이 높아 들어나 갈 수 있을지 걱정이 많이 되었다. 다행히 수능 당일 생각보다 시험을 잘 본 것 같았지만, 결과를 알 수 없기에 새벽까지 잠들 수가 없었다. 밤을 샌 나는 조간신문이 집으로 들어온 소리를 듣자마자 밖으로 나가서 신문을 가지고 와서 답을 채점하는데, 평소에 보던 점수보다 20점 이상이 높게 나온 것이다. 너무 깜짝 놀라서 소리 지르자 엄마가 내 방으로 뛰어오셨다. 하지만, 학교에 가보니 나처럼 시험을 잘 봐서 그런지 평균점수가 다들 10점 이상 높게 나왔다. 그 허탈함이란 이루 말할 수가 없었다. 지금에 와서 생각을 해보면, 학교 때 공부에서는 답만 구할 줄 알았지 문제에 대한 해결을 하지 않았던 것 같다.

어떤 문제이건 답을 구하기 전에는 문제에 대한 이해를 해야 하는데, 이해를 하지 않은 것 같다. 이런 문제는 삶에서도 마찬가지이다. 학교에서나 직장에서나 문제는 언제나 있다. 하지만 그것을 해결하기 싫다는 생각을 먼저 하기 때문에 짜증부터 나는 일이 종종 있다. 회사에서는 어떤 문제를 해결하기 위해서 회의라는 것을 한다. 이 회의에는 주제가 있고, 주제에 대한 이해가 되어야지만 회의시간에 제대로 된 답을 할 수 있을 것이다. 회사의 일은 답을 구할 수 있겠지만, 우리 인생의 문제의 답은 어디서 찾아야 하는 것일까?

책에게 묻고
답을 찾다

인생의 문제는 시간이 지나면 자연스럽게 해결될 수도 있겠지만, 다른 한편으로 책에서 답을 찾아보는 것은 어떨까? 책에는 다양한 사람의 인생사가 나오는데, 그것을 보면서 우리는 간접체험이라는 것을 하게 된다. 다른 사람들이 해결한 방법을 알게 되면 해결이 용이할 수 있을 것이다. 나의 꿈에 대해서 고민하는 사람이라면 John C. Maxwell의 《꿈이 나에게 묻는 열 가지 질문》을 봤으면 좋겠다. 꿈이라는 추상적인 대상을 명확하게 만드는데 도움이 될 책이다. 이 책에서는 총 열 가지의 질문을 한다.

1. 소유권에 대한 질문 : 내 꿈이 정말로 나의 것인가?
2. 명료성에 대한 질문 : 내 꿈을 분명하게 보고 있는가?
3. 현실성에 대한 질문 : 내 꿈을 이루는 데 내 통제권 안의 요소들에 의존하는가?
4. 열정에 대한 질문 : 내 꿈은 내가 이를 따를 수밖에 없게 하는가?
5. 진로에 대한 질문 : 내 꿈에 도달하는 데 필요한 전략이 있는가?
6. 사람에 대한 질문 : 내 꿈을 실현하는 데 필요한 사람들을 염두에 두었는가?

7. 대가에 대한 질문 : 내 꿈을 위해 기꺼이 대가를 치르겠는가?

8. 끈기에 대한 질문 : 내 꿈에 가까이 다가가고 있는가?

9. 성취에 대한 질문 : 내 꿈을 향해 나아가면서 만족을 얻는가?

10. 의미에 대한 질문 : 내 꿈은 타인을 이롭게 하는가?

    총 열 가지의 질문에 당신은 몇 가지나 대답을 할 수 있을까? 이 책을 처음 읽었을 때는 2가지 정도밖에 정확하게 적지를 못했다. 두 번째 읽었을 때는 4개의 질문에 대답할 수 있었다. 내가 이 책을 읽은 이유는 내 꿈에 대해서 다시 한번 생각해보기 위해서였다. 꿈에는 나이가 문제가 되지 않는다는 얘기가 있듯 젊은 사람에게만 꿈이 있는 것은 아니다. 나의 인생은 내가 정하는 것이지 부모님이 하라는 대로 하는 것이 아니다.

    그렇다고 내 인생이 실패했다는 것이 아니다. 지금의 내 삶도 만족을 하지만, 제자리 걸음으로만 살고 싶은 것이 아니라 뛰어가고 싶은 것이다. 피니시 라인이 어디인지는 모르지만, 내 인생의 마라톤을 이제 시작하기 위해서《꿈이 나에게 묻는 열 가지 질문》이란 책을 읽었다. 10가지 질문에 대답을 다 하는 날에는 지금의 내 꿈이 이루어져 있을 것이라 생각한다. 책에게 묻고 답을 찾는 여정이 쉽지는 않겠지만, 그 답은 누가 찾아주는 것이 아니라 나만 찾아 갈 수 있는 길이다.

절실하다면
답을 찾을 것이다

고등학교 친구인 I는 대학교 3학년 때 휴학을 하고 공무원 시험에 도전을 했지만 번번히 떨어져 복학을 해야 하는 절박한 상황에서 본 마지막 시험에서 당당히 합격했다. 합격을 전화상으로 듣고 나서 친구들과 축하차 같이 만날 때였다. 저 멀리서 걸어오는데, 첨보는 사람이 오는 게 아닌가. 누군지 한참을 봤다. 그 사람은 I양이었다. 시험합격은 물론 살도 쫙 빠지고 예뻐진 모습이었다. I에게 어떻게 시험에 합격했는지 들어보니, 절벽 벼랑 끝에 서있는 심정으로 공부했다고 한다. 본인이 볼 수 있는 시험이 이번이 마지막이었기에 그 누구보다 절실해서 매일 새벽에 나가면 밤에 들어오는 것을 반복하면서 시험을 준비했다고 한다. 자기 생에 이렇게 치열하게 공부를 해본 적이 없다고 한다. 정말 목숨 걸 듯이 시험공부를 해서 합격을 한 것이다. 공부를 열심히 하다보니 보너스로 살은 저절로 빠졌다고 한다. 역시 치열하게 사는 사람에게는 좋은 결과가 오는 법인가보다.

《궁하면 변하고 변하면 통한다》라는 책을 보자.

성공한 삶의 전환점은 대부분 위기의 순간에 찾아온다. 그리고 성공한 사람은 그 위기의 순간을 통해 새로운 사람으로 변화된 사람이다. 성공한 사람들도 처음에는 비참한 상황에서, 혹은 절박한 상황에서 출발했다. 우리는 이 사실을 잊어서는 안 된다. 그들 대부분은 절망적인 상황과 어려움을 극복하고 자신의 꿈을 실현했다. 자신이 처한 최악의 상황을 인생의 터닝 포인트로 만든 것이다. 그 전환 시점은 진정한 자기 자신과의 만남이 이루어지는 순간이다.

살면서 크든 작든 문제에 직면한다. 그때마다 좌절만 할 것이 아니다. 좌절에 우리는 어떻게 일어설 것인가는 우리의 선택에 달려있다. 그 문제에 대한 해답을 엉뚱한 곳에서 찾지 말고, 책에서 답을 찾아보자. 답은 멀리있는 것이 아니라 내 안에 있다. 리처드 포스터는 '나는 내가 배우고 있는 사람이라는 것을 알게 된 후부터 자유롭게 묻고 실험하고, 때로는 실패도 마다하지 않았다.'라고 이야기 했다. 실패를 두려워하거나 문제를 두려워 하지 말자. 당신은 충분히 그 문제의 답을 책에서 만나게 될 것이다.

Part 5

1일 1독으로 라이프스타일을 바꿔라

01

한 번뿐인 오늘을
후회없이 살자

책은 남달리 키가 큰 사람이요, 다가오는 세대가 들을 수 있도록
소리높이 외치는 유일인이다.　　　　　　　　　- 브라우닝

어제는 오늘의
과거이다

　2015년 10월 중순부터 11월까지 이어지는 스케줄은 나를 너무 힘들게 했다. 하루를 새벽 3시에 마무리할 정도로 일에 치여서 살았다는 표현이 어울리는 것 같다. 매일 새벽까지 일을 하고 자다보니, 아침에 일어나기가 천근만근이었다. 매일 아침 오늘은 진짜 일찍 자야지라고 다짐을 해보지만, 하루의 마감이 점점 늦어질 뿐이다. 나같이 일 중독으로 살아가는 사람들은 하루 24시간이 부족하

지만, 정말 내가 하고 싶은 일들을 하면서 살았기 때문에 참을 수 있는 것 같다. 불과 3년 전 나는 마인드가 많이 다른 사람이었다. 지금의 나는 어떤 일이든 일단 할 수 있다는 생각과 무엇이든 시작을 할 수 있는 자신감이 높은 사람이다. 과거의 나를 생각해보면, 어제가 오늘의 과거이며, 오늘은 내일의 과거가 되는데 매일 똑같은 하루가 반복되는 재미없는 인생을 살아가던 사람 중 하나였다. 인생의 낙이 없이 오로지 병원과 집을 다람쥐처럼 왔다갔다만 하고 살았다. 그때의 나를 되돌아보면, 나는 자신감, 자존감 모두 바닥에 있었던 것 같다. 머슬로우의 욕구의 5단계 법칙을 보면, 가장 상위의 단계가 자아실현의 욕구라고 한다. 과거의 나는 자아실현의 욕구가 문제가 아니라 가장 기본적인 생리와 안전의 욕구만이 채워졌기 때문에 삶의 낙을 찾을 수가 없었던 것 같다.

당신의 삶을 바꾸는
단 한 권의 책

19세기 러시아 문학을 대표하는 《전쟁과 평화》 《안나 카레리나》의 톨스토이에게 한 청년이 찾아와서 물었다,

"선생님, 어떻게 하면 인생의 변화가 생길까요?" 이에 톨스토이

는 곰곰이 생각을 하고 이렇게 답을 한다.

"좋은 사람을 만나보세요. 그러면 당신의 인생이 바뀔 것입니다."

"제 주위에는 좋은 사람은 없는 것 같습니다."

"그러면 단 한 권의 좋은 책을 만나십시오. 당신의 인생이 바뀔 것입니다."

당신의 삶을 변화시키고 싶다면, 단 한 권의 좋은 책을 만나야 한다. 유명한 사람들 중에는 단 한 권의 책으로 삶을 바꾸게 되었다는 사람들이 많다. 나 또한 그런 사람이기도 하다. 프랭크린은 《선을 담은 수상집》으로 남에게 도움을 주는 사람이 되었으며, 마르틴 루터는 《얀 후스의 생애와 저작》으로 종교개혁이라는 엄청난 과업에 일생을 바치게 되었다. 나 또한 《엄마수업》을 만나고 삶의 가치관을 바꾸게 되었고, 치과보험청구사라는 민간자격증에 대해서 공부하게 되었다. 한 급수씩 따면서 나의 자신감과 자존감이 커가는 것을 느끼게 되었고, 결국에 치과보험청구사협회의 보험강사가 되었다. 내가 이렇게 변화할 수 있었던 가장 큰 이유는 단 한 권의 책을 만났기 때문이다. 《엄마수업》이라는 책을 만나지 않았다면, 지금의 나는 없었을 것이다. 얼마 전, 나는 치과를 떠나 전체 의료계통에서 슈퍼스텝 7이라는 행사를 통해서 본선에 진출할 수가 있었다.(이 책이 출판되는 시점에는 아마도 우승이라는 목표가 실현이 되

었기를 바라며, 이 책에 적어본다)

인생에 기회는 몇 번 오지 않는다. 아니 많이 오더라도 내가 눈치채고 있지 않다면, 알 수가 없는 것이다.

만약 그 기회를 당신에게 주고 싶다면, 책을 한 권씩 매일 읽어보자. 그렇게 한 권씩 읽다보면 달라진 나를 느끼게 될 것이다. 그렇게 딱 100일만 해본다면, 온전히 달라진 당신을 만날 수 있을 것이다. 이때는 책을 채우는 권수에만 목표를 두지 않기를 바란다. 권수에 목표를 두면, 아무리 해도 만족하지 못할 것임을 알기 때문이다. 하루에 한 권을 읽는 것이 힘든 것을 알고 있지만, 그 책 안에서 핵심 한 문장을 뽑아서 내 것으로 만들어보자. 나의 삶을 바꿀 수 있는 책은 단 한 권이다. 그 책을 찾기 위해 우리는 독서를 하는 것이다.

한 번뿐인 인생
후회하지 말자

인생은 누구에게나 공평하게 딱 한 번밖에 없다. 그렇기에 그 인생을 후회하고 싶지 않은 것이다. 누구나 꿈을 꾼다. 꿈을 꾸는 것에 그치지 말고, 그 꿈을 책을 통해서 풀어보는 것은 어떨까? 책을 읽다보면 나도 책을 쓰고 싶어지게 된다. 나의 생각을 표현하고 싶어지는 것이다. 나의 생각을 표현하는 첫 번째는 서평으로 시작하지만, 어느덧 그것들은 내 이름이 적힌 책을 가지고 싶다는 욕망으로 이어지게 된다. 책은 시간이 흘러도 계속 남아 있을테니까 말이다.

　나만의 독서법이 만들어졌다면 책으로 써보는 것을 목표로 해보자. 이왕 한번 사는 인생 신나고 재미나게 살아보자. 조선시대의 독서법에 관한 책이 없다면 우리는 조선시대의 위인들의 독서법을 알 수 없었을 것이다.

　우리나라의 대표적인 유학자인 이황(李滉)은 이렇게 말했다.

"독서의 요체는 성현의 언행을 마음에 본받아서 조용히 찾고 가만히 익힌 뒤에라야, 비로소 학문을 진전시키는 공력을 기를 수 있을 것이다. 만약 바쁘게 넘어가고 예사로 외기만 할 뿐이라면, 이것은 장구(章句 : 글의 장과 구를 아울러 이르는 말)를 들은 대로 말하는 나쁜 버릇에 불과하다. 비록 천 편을 다 외고 머리가 희도록 경(經)을 이야기한들 무슨 이익이 있겠는가."

　경전은 익숙하게 읽어 몸에 배도록 해야 한다. 만약 익숙하지 못하면 읽자마자 곧 잊어버리게 되어 마음에 남는 것이 없다고 하였다.
　이황은 독서의 방법으로 책을 익숙하도록 읽는 방법을 권하였다.

그래야만 마음에 남는 것이 있으며 흐뭇한 맛이 있게 된다고 하였다. 그는 자기를 돌아보는 데에 있어서 가장 중요한 책으로《주자전서》를 들었다. 이황은 자기의 독서법에 따라서 이 책을 충분히 이해하고 글귀를 자세히 알았다. 그래서 강론할 때에는 정확하게 이 책에 꼭꼭 들어맞아 마치 자기의 말을 외는 듯하였다고 한다. 이와 같은 방법으로 이황은 주자학을 발전적으로 계승하게 되었던 것이다.

이황의 독서법을 보면, 책의 내용을 충분히 이해하고 글귀를 자세히 아는 것에 의미를 두었다는 것을 알 수 있다. 이 독서법은 현재에 와서 보더라도 절대 뒤처지는 독서법이 아니다. 오히려 도움이 되고 현재를 사는 나도 해볼 수 있는 독서법이다. 독서법은 시대를 초월한다는 것이 정답이라고 할 수 있다.

한 번뿐인 인생을 어떻게 보낼 것인지는 자신의 결정에 달려있다. 당신의 인생은 오늘이 바탕이 되어서 채워지게 된다. 그 바탕을 어떻게 꾸밀 것인지 생각해보면, 누군가는 독서로 채울 것이고, 또 다른 이는 음악으로 채울 것이다. 당신은 어떤 것으로 채울 것인가.

나는 이제 책으로, 독서로 오늘을 채우고 있다. 그것이 빛을 발하게 될 것이라는 믿음을 가지고 있다. 독서를 통해 읽은 나의 독서법이 이렇게 책으로 나오게 된다는 것 자체가 한 번뿐인 오늘을 후회없이 사는 나의 방법이다. 이 책을 읽고 있는 독자들도 나의 오늘을 무엇으로 채울 것인가에 대해 생각해보자.

02
독서의 깊이가 인생의 차이를 만든다

책은 생명의 나무요, 사방으로 뻗은 낙원의 강이다. 책에 의해서 인간의 마음은 자라고 갈증나는 지성은 물을 얻어 활기를 찾는다. 책은 열매를 맺게 하는 무화과나무다.
— R.D. 베리

당신의 삶을 어떻게 보낼 것인가

얼마전 인터넷을 뜨겁게 달군 일 중 하나가 '금수저 논란'이다. 누구나 태어나면서 금수저를 가지고 태어나고 싶을 것이다. 나도 마찬가지이다. 하지만, 금수저를 가지고 태어났다고 하더라도, 자신의 노력이 없다면 그 금수저가 의미가 있을까? 인터넷에서는 하루종일 금수저가 논란이 되었고 그것을 바탕으로 '수저계급론'까지 나오기에 이르렀다. 사람들은 누구나 돈을 좋아하고 돈이야 많은면 많을수록 좋다고 하지만, 내가 사회생활을 해보니 그보다 더 중요한 것은 인성이다.

아무리 돈이 많아도 인성이 부족하면, 그 주위에는 파리만 몰리게 된다는 것이 내 생각이다. '내 주위에 있는 5명이 나의 평균'이라는 말이 있다. 이것이 부의 기준이라기 보다는 사람의 됨됨이가 되는 인성을 판단해 볼 수 있을 것이다. 내 주위는 인생을 열정적으로 몰입해서 사는 사람들이 굉장히 많다. 워킹맘으로 그 누구보다 치열하게 살면서 나에게 자극을 주는 사람들이 있다. 아직 그분들에 비하면 더 노력을 하면서 살아야 한다는 생각이 든다. 나도 처음부터 이렇게 살았던 것은 아니다. 돈을 벌기 시작한 사회 초년생 때는 내가 번 돈을 다 쓰는 하루살이 같은 인생을 살았던 적도 있다. 정말 이번 달에 일을 그만두면 다음 달 카드값이 걱정될 정도였다. 그때는 나를 꾸미는 치장에만 돈을 많이 썼었고 무언가를 시작하기엔 끈기가 부족했던 시기였다. 지금 돌아보면 안은 비고 겉만 화려하게 치장하려 했던 것 같다.

그러나 한 지인을 통해서 그동안 잊어버렸던 독서를 다시 시작하면서 그나마 부족한 나를 채울수 있는 시기가 왔다. 그때 나는 과거의 나와는 많이 다르다. 누구보다 더 열정적으로 치열하게 살았기에 가끔 다른 사람들이 나를 보면 놀랄 정도이다. 내가 유명하거나 대단한 사람이어서가 아니다. 내가 노력하고 있는 모습을 알기 때문이다. 내 주위에 있는 사람들이 어느 순간 나와 비슷한 사람들로 채워지고 있고, 서로 시너지를 낼 수 있는 사람들을 만나고 있다. 한번 사는 인생 그 누구보다 단단하게 채워진 인생을 살아보고 싶다. 이렇게 깨닫기까지 많은 길을 돌고 돌아왔다. 이제 방향성은 잡았으니, 전진하고자 한다.

독서의 깊이가
인생의 차이가 된다

우리가 명품에 심취하는 이유가 무엇일까? 장인정신을 가지고 만들어 희소가치가 있기 때문이다. 거기에 스토리가 더해진다면 가치는 더욱더 놀라울 것이다. 여자들에게는 정말 가지고 싶은 가방이 하나쯤은 있을 것이라고 생각한다. 에르메스, 샤넬, 구찌, 프라다 등이 있겠지만, 그 중에서도 가장 가지고 싶은 건 아마도 에르메스가 아닐까 싶다. 에르메스가 유명해진 이유 중 하나는 모나코 왕비 그레이스 켈리 때문일 것이다. 그레이스 켈리 왕비가 임신했을 때 배를 가리기 위해서 든 가방이 에르메스였고 순식간에 유행되어 그 가방에 이름이 붙여진 것이 켈리백이다. 이 가방은 시간이 흐를수록 가치가 더해졌고, 그 스토리를 들으면 그 가치가 더 올라갔다. 단순한 가방이 어느 순간 명품 가방으로 바뀌게 된 것이다. 그레이스 켈리가 누구인지 알기 때문에 더 유명해졌다고 볼 수 있다. 우리는 한번 사는 인생에 가치가 있는 사람으로 살아야 하지 않을까? 가치란 눈으로 보여지는 부분이 아니기 때문에 돈으로 환산하기가 쉽지 않다. 하지만 가치 있는 것은 어디서 보아도 반짝반짝 빛나게 될 것이다.

나는 독서를 통해 반짝반짝 빛나는 인생을 얻기 위해 시작했다. 작게는 나의 내면을 단단하게 만드는 것으로 크게는 저자와 한번 이야기해 보고 싶다는 것으로 말이다. 내 내면을 한 단계씩 업그레이드를 시키고 있다. 한 권의 책을 읽을 때마다 올라가고 있다고 생각한다. 실제로도 예전에 내 모습과 지금의 내 모습이 많이 다르다고 한다. 예전에 초조했던 모습이 지금은 여유로와졌다는 얘기를 많이 들었다. 특히 1일 1독을 시작하면서 그런 얘기를 많이 들었다. 아마도 조금씩 내 내면이 단단해지고 성숙하고 있는 것 같다. 다양한 책을 1일 1독으로 읽었지만, 이제는 심리쪽 책을 좀 깊이있게 여러 번 읽어보고 싶다. 한 번씩만 읽는 것이 아니고 두 번, 세 번씩 읽고 다시 한번 내 생각을 정리하는 시간을 보내고 싶다. 의식을 확장시키면, 무엇이든지 받아들이는 마음가짐이 달라진다고 한다. 나도 지금보다는 더 성숙하고 발전된 사람으로 살고 싶기에 더 노력을 하려고 한다.

독서는 양적 성장과 질적 성장으로 나눠서 볼 수 있다.

첫 번째, 양적 성장이란?

책의 권 수를 의미한다고 볼 수 있다. 책을 얼마나 읽었는가가 포인트가 된다. 사람마다 성격과 취향이 다르듯 다방면의 책을 두루두루 보는 사람들이 있다.

대표적인 것이 베스트셀러나 스테디셀러의 책을 보는 것이다. 다양한 책들이 순위권에 진입해 있기 때문에 다양하게 읽어보려면 이 방법을 추천한다. 지금 나는 양적 성장에 초점을 맞추어 책을 읽고 있다. 아직 내가 어떤 분야의 책을 더 깊이를 가지고 읽을 것인지 고민을 하는 단계이기 때문에 양적으로 성장하고 나서 깊이로 가려고 한다.

두 번째, 질적 성장이란?

한 분야의 책을 읽어가는 것이라고 볼 수 있는데, 예를 들어서 시간관리에 관심이 많은 사람이라면 시간에 관련된 책을 보며 다른 책들과 비교 분석하며 내 것을 만드는 과정이다. 시간관리에 대한 다양한 책들이 나와있는데, 이것을 읽으면서 중요한 포인트를 줄 긋고 메모를 해서 나만의 한 권의 책을 만드는 것이다. 그렇게 해서 만들어진 나의 책을 수시로 읽으면서 나의 것으로 만드는 과정이 질적 성장이다.

처음부터 질적 성장으로 시작하기보다는 양적 성장으로 가는 것을 추천한다. 처음부터 질적 성장을 원한다면 내 직업과 관련된 부분으로 시작해보는 것이 좋다. 우리는 시험을 볼 때 한번 쭉 훑어보면서 정리를 하게 된다. 그 정리한 노트를 요약 노트라고 부르는데 이것을 시험때까지 정리해서 보는 것이다. 마찬가지로 한 권의 책을 한번 쭉 읽고 노트에 정리해 본다. 정리된 것을 내가 발표를 한다는 생각으로 핵심요점을 다시 한번 정리해 보자. 즉, 이 책에서 꼭 봐야 하는 것과 알아야 하는 것을 정리하는 것이다. 처음할 땐 힘이 들겠지만, 두 번, 세 번하면 익숙해지게 된다. 이 방법은 강의를 할 때 사용하는 방법이다. 강의 때는 책 한 권의 내용을 다 하는 것이 아니라 핵심요점을 위주로 포인트 강의를 한다. 내가 책을 읽으면서 많은 것을 얻었다면 그것을 사람들에게 정보로서 공유하는 것이다. 이렇게 독서는 단순히 보는 것이 아니라 책 안의 깊이를 나의 것으로 이해하는 것이 목적이 되어야 한다.

독서의 깊이는 개인차가 있을 것이다. 개인차는 내가 없애는 것이고, 내가 만들어 가는 것이다. 지금부터라도 독서를 시작한다면 늦지 않을 것이라고 생각한다. 독서에는 시기가 정해져 있는 것이 아니라 내가 읽어야 한다고 생각하는 시기가 바로 그때라고 할 수 있다. 내가 책을 읽고 싶다고 생각했을 때가 바로 그때인 것이다. 지금이라도 시작해서 인생의 차이를 만들어 보자. 지금은 차이가 없더라도 6개월만 지나면 굉장한 차이가 나게 될 것이다. 이제 독서나무의 싹을 만들기 시작했다면, 열매를 만들어 보자. R.D.베리는 '책은 열매를 맺게 하는 무화과나무다.'라고 했다.

03

오늘 당장 독서 프로젝트를 시작하라

인생이 시작하는 바로 그 시점에, 우리는 죽는다고 누군가가 알려줬어야 했다. 그랬다면 우리는 매일 매순간을 헛되이 보내지 않았을지도 모른다. 지금 하라! 하고자 하는 일이 무엇이든. 지금하라. 내일은 얼마남지 않았다.
- 마이클 랜드

당신 인생의
프로젝트는 무엇인가

현재의 중·고등학생은 꿈도 없고 능동적인 삶보다 수동적인 삶을 살고 있다고 한다. 우리의 중·고등학생들은 왜 수동적인 삶을 살고 있을까? 학교 성적에만 매달리다 보니 내가 무엇이 되고 싶은지에 대해 고민을 하지 않아서 일까? 아니 고민을 할 시간 자체가 없다. 연예인을 꿈꾸고 도전하는 지망생들은 그나마 나은 편이라고 할 수 있다. 하지만 중·고등학생들은 교과서를 보는 시간이

외에 책을 보는 시간이 읽을까? 내가 학교를 다닐 때는《삼국지》《토지》《태백산맥》과 같은 책들을 보며 그 시대를 이해했었고, 하이틴 소설이나 로맨스 소설을 읽으면 상상을 했었다.《먼나라 이웃나라》를 읽으면서 세계사를 공부했었다. 지금, 학생들은 책을 읽을 시간이 있는지 의문이다. 아마 책을 읽는 시간에 스마트폰을 하고 있을 것이다.

각자의 인생은 태어난다는 점에서는 똑같이 시작하지만 어느 시점부터 인생이 서로 달라지게 된다. 남들보다 더 높이 올라가기 위해 혹은 자기만족을 위해 계획이라는 것을 한다. 하지만 당장 눈앞의 일들 때문에 멀리 내다 볼 수 없는 것이다. 생각하지 않는 삶이 하루하루 소비되는 삶으로 변화하고 있다. 오늘보다는 내일이 기대되는 사람이 되고 싶다면 무엇인가를 시작해야 한다. 무언가를 시작하기 위해 계획이라는 것을 세우는데, 이것을 우리는 프로젝트라고 한다. 회사에서만 프로젝트를 하는 것이 아니라, 내 인생을 위한 프로젝프를 시작해야 한다. 이제 어떤 프로젝트를 시작할지 스스로 곰곰이 생각해보자.

당신을 위한
독서프로젝트를 시작하라

프로젝트라고 해서 거창하게 시작할 필요는 없다. 정말 사소한 것이 될 수도 있지만, 꾸준히 해서 성과를 보이면 되는 것이다. 만약 당신이 대학교 졸업 전에 토익 만점 받기라는 목표를 만들었다면, 그 목표를 이루기 위해서 세세한 계획을 만들게 된다.

예) 1. 목표 : 토익 만점받기
    2. 계획 : ① 교재를 선정한다
              ② 교재를 끝내는 기간을 정한다.
              ③ 매일 몇 쪽씩 해야하는 지를 정한다.
              ④ 교재가 끝나면 시험을 통해 성적이 얼마나 올랐는지 시험을 본다.
    3. 결과 : ① 점수가 원하는 만큼 나왔다면 더 이상 해야 할 이유가 없다.
              ② 점수가 원하는 만큼 나오지 않았다면 계획을 수정해서 다시 반복한다.

아마 이렇게 진행을 할 것이다. 계획을 세운다는 것은 목표라는 큰 틀을 만들고 그 안에 작은 틀로 짜는 과정이다. 작은 틀을 제대로 만들어야 큰 틀이 흔들이지 않고 그대로 유지가 되는 것이다. 항상 계획만 하고 실행을 하지 않는다면, 목표에는 도달하지 못하고 실패만 계속 나타날 뿐이다. 당신은 어떤 사람인지 한번 고민해보자.

2015년에 세운 계획 중에서 책을 읽겠다는 의미로 '독서프로젝트'를 시작했다. 시작하기 전에 정보 탐색을 위해 다른 사람들의 독서프로젝트를 살펴보기로 했다. 독서프로젝트로 검색을 해보니, 1년에 52권 책 읽기, 1년에 100권 읽기 등등 여러 프로젝트가 있었다. 그 중에 1주일에 한 권씩이라도 읽어보자고 생각을 하고 일주일에 한 권의 책을 주문하고, 그 책을 다 읽고 나면 다시 또 주문하는 형태로 책을 주문하고 읽었는데, 너무 읽는 것에만 초점을 맞추었더니, 이런 저런 핑계로 페이지를 넘기지 않는 나를 보게 되었다. 계획을 세웠을 뿐, 실행의 단계에 넘어가더라도 유지가 되는 게 쉽지가 않았던 것이다. 나에게 책을 읽어야 한다는 채찍질만 하고 책을 다 읽었을 때의 당근에 대해서는 생각을 해보지 않아서 계속 실패한다는 생각이 들었다. 한 권의 책을 읽고 나면, 나에게 맛있는 커피를 사주는 것으로 당근을 주었지만, 마음에 뭔가 꼭 해야 한다는 간절함이 없었기에 실패의 연속이었던 것 같다.

1권의 책을 한 달에 걸쳐 읽었던 적도 있다. 이렇게 하다가는 이도 저도 안 될 것 같아서 특단의 조치를 취하기로 했다. 누군가에게 책에 대한 서평을 보여주는 것으로 계획을 수정하고 다시 시도해서 결국엔 97일간 100권을 읽는 것에 성공했다. 한번 책을 읽기 시작하는 게 힘든 것이지, 읽다보면 어느새 습관이 되어서 읽는 것에 대한 거부감이 사라지게 된다. 책도 한 분야만 보는 것이 아니라 여러 장르의 책을 읽으면서 때로는 가슴을 울리는 책을, 어떤 날은 결심을 하게 만드는 책을, 이렇게 종류도 다양하게 보았다.

100권의 책을 읽은 것은 누군가에게 보여주기 위해서 한 것이 아니다. 나는 스스로에게 약속을 지킬 수 있는 사람이 되고 싶었다. 100일간의 독서프로젝트를 끝내고 지금은 책을 쓰는 것에 몰입하고 있다. 평범한 사람이 어떻게 책을 쓰는지에 대한 얘기를 해주고 싶었기 때문이다.

생각이 바뀌면 행동이 바뀌고, 행동이 바뀌면 인생이 바뀐다

책을 읽는다는 것은 생각을 한다는 것이라고 말할 수 있다. 이는 바둑과도 비슷한 면이 있다. 바둑이 보기에는 그냥 두는 것처럼 보일 수도 있다.(특히, 나처럼 바둑을 모르는 사람은 그냥 지루할 수도 있다) 하지만, 바둑판 안에는 사람의 인생사가 담겨져 있다는 말이 있듯이 지금 당장 눈앞을 준비하는 것이 아니라 상대편의 수를 읽고 예측해야 한다. 쉬운 것 같지만 굉장히 어려운 과정이다.

바둑의 조훈현 9단은 《고수의 생각법》에서 이런 말을 했다.

> 생각이 바뀌면 행동이 바뀌고, 행동이 바뀌면 인생이 바뀐다.
> 인생이라는 승부에서 이기고 싶다면,
> 삶의 기로에 서서 망설이고 있다면,
> 나만의 인생을 찾기를 원한다면,
> 지금 바로, 생각 속으로 들어가라!
> 생.각.은. 반.드.시. 답.을. 찾.는.다.

독자들에게 이렇게 물어보고 싶다. 당신은 어떻게 생각을 하고 있느냐고.

정말 생각이 바뀌면 행동이 바뀌는 것에는 동의를 하지만, 행동이 바뀐다고 해서 인생이 정말 바뀌는 것일까? 라는 의문을 줄 수도 있다. 이런 책을 읽으면서 책은 다 비슷한 얘기만 한다고 할 수도 있겠다.

난 이렇게 얘기를 하고 싶다.

당신은 가슴이 뛰는 책을 만나 본 적이 있느냐고!

나는 책을 통해서 변화됨을 느끼고 있고, 나만의 독서프로젝트를 통해서 한 단계 더 뛰어오른 것 같다고 생각한다. 책이 나를 변화 시켜줄 것인지 고민하기 전에 일단 시작부터 해보라고 얘기해 주고 싶다. 대신 시작만 하지 말고, 계속 유지할 수 있는 독서프로젝트여야 한다. 이제 나의 독서프로젝트를 시작해보는 것은 어떨까.

04

책을 읽는 사람은
실패하지 않는다

오늘의 난 눈물겹지만, 내일의 나는 눈부시다.
- 청춘 스위치 온에서

견딜 수 있는
시련만이 온다

20대에 직장생활을 시작하면 30~40년 뒤에 퇴직을 해야 하는 시기가 온다. 지금은 명예퇴직이라고 해서 조기에 퇴직을 하는 분들을 주위에서 심심치 않게 볼 수 있다. 퇴직을 하게 되면, 집에서 계시는 분들도 있지만, 때 이른 퇴직으로 제2의 인생을 위해 창업을 하는 분들이 많다. 창업도 아무나 하는 것이 아니지만, 당장 막막한 생계를 위해서 시작하는 것인데 창업 1순위는 치킨가게라고 한다. 그러고 보니 내가 살고 있는 동네만 보더라도 치킨가게가 10군데 정도 되는 것 같다. 브랜드가 있는 곳부터 없는 곳까지 말이다. 매주 집 앞에 놓여있는 야식 책자만 보더라도 절반 이상이 치킨집으로 채워져 있는 걸 보면 치킨 천국이 아닌가 싶다. 하지만 이렇게 창업을 한 사람들의 성공률은 채 10%도 안 된다고 한다. 이렇게 성공확률이 낮지만 계속 창업을 하는 이유는 생계가 달려 있기 때문이다. 생계와 연결이 되어있기에 죽을 만큼 열심히 일을 하지만, 성공확률은 낮다는 것이 현재 창업의 문제일 것이다.

취업을 하기가 힘들어 지면서 20, 30대의 청년들이 창업을 하는 경우가 늘어나고 있는데, 청년층 같은 경우에는 반짝이는 아이디어를 무기로 창업을 한다.

창업 8개월 만에 빠르게 입소문을 통해 확산되고 있는 '패스포트 아시아'라는 온·오프라인통합(O2O) 서비스를 제공하는 멘데이 프로젝트가 있다. 그곳의 김지호 대표는 그동안 다양한 사업을 했지만, 3번의 실패에도 4번째의 사업에 도전을 할 수 있었던 힘은 군대에서 1년에 60권 읽었던 책이었다고 말한다. 책과 사업의 실패는 김지호 대표에게 큰 자산이 되었다. 이제는 하나의 이용권으로 서울시내 200여 개 피트니스 센터에서 헬스, 요가, 필라테스 등 원하는 프로그램을 골라 스마트폰으로 예약을 제공하는 서비스로 성공했다.

사람에게는 견딜 수 있는 만큼의 시련이 온다는 애기가 있다. 그 시련을 어떻게 보내는가는 바로 나에게 달린 것이다. 즉, 그 시련을 이겨내는 마음가짐이 중요한 것이다. 독서를 통해서 마음이 단단해진 사람들은 어떠한 시련이 와도 이겨낼 수 있겠지만, 그렇지 않은 사람들은 그 시련을 이겨내지 못할 것이라고 생각한다.

이 또한
지나가리라

'이 또한 지나가리라'라는 구절에 대해서 들어본 적이 있을 것이다. 이 구절은 유대경전 주석서 미드라시(Midrash)에 나오는 경구로 미드라시는 유대교에서 구전으로 내려오던 성서 본문을 해석하고 설명해 놓은 것이다.

다윗 왕이 전쟁에서 이긴 뒤 궁중의 보석 세공사에게 자신을 위해 아름다운 반지를 만들라고 명령했다. 반지에는 "내가 승전해 기쁨이 넘칠 때 교만하지 않게 하고, 절망에 빠졌을 때 좌절하지 않고 용기와 희망을 줄 수 있는 글귀를 새겨 넣으라"고 주문했다. 세공사가 반지를 만들었으나 적당한 글귀가 생각나지 않았다. 그래서 지혜로운 솔로몬 왕자에게 의견을 구했다. 솔로몬이 대답한 것이 바로 '이 또한 지나가리라' 구절이라고 한다. 성공했거나 승리한 순간에 이 경구를 보며 자만심을 경계하고, 실패하고 낙심했을 때 다시 일어날 수 있는 용기와 희망을 가지라는 뜻이다. 만약에 내가 책을 읽지 않았다면, 나 또한 이 구절을 알고는 있었겠지만 그 안에 있는 유래까지는 알지 못했을 것이다.

오늘의 난 눈물겹지만, 내일의 나는 눈부시다

신규 간호사로 사회생활을 시작해서 부정적인 생각과 상황의 악순환 속에서 생돈을 써가며 치열하게 독서를 시작한 사람이 있다. '독서의 힘'을 많은 사람들에게 알리고 독서에 관한 책을 쓰고, '책으로 꿈을 디자인하라! 독서 강국 대한민국'이라는 더 큰 비전을 제시하고, '마인드 모티베이터'로 인생의 제2막을 시작하게 된 사람, 이제는 베스트셀러 작가, 강연가, 1인 기업가로 살고 있는 이 사람은 누구일까? 《스물아홉, 직장 밖으로 행군하다》의 저자 임원화이다. 간호사로서의 삶을 평생 할 것이라고 시작을 했지만, 독서의 힘을 깨닫고 나서는 이제는 독서 전도사가 되어버린 사람인데, 그녀의 책에는 독서의 힘에 대해 이렇게 얘기하고 있다.

책을 여러 권 읽으며 다양한 분야의 지식을 습득하고 간접체험을 하게 되면서 당연히 아는 것과 보이는 것이 많아진다. 시야가 넓어지며 삶이 다채로워지며, 다양한 관점이 생기고 신선한 생각이 떠올라 생산적인 방향으로 인식의 전환이 이루어지게 된다. 의식이 확장되고 마인드가 커지며 모든 것을 아울러 보는 통찰력이 생기는 것이다.

이렇게 책을 읽는 사람은 어떤 일을 시작하기에 두려움이 없다. 자기 자신을 믿기 때문이다. 자신의 미래에 대해 실패한다는 생각보다는 반드시 성공할 것이라고 믿어야 한다. 그 어떤 시련에서도 흔들리지 않는 마인드를 장착하게 되는 것이다.

오늘의 나는 눈물겹지만, 내일의 나는 눈부시다는 말이 있다. 지금의 나는 초라해 보일지도 모른다. 하지만 내일의 나는 실패를 두려워하지 않는 사람이 되어있을 것이다. 이렇게 될 수 있는 가장 큰 이유는 책을 읽었기 때문이다. 책을 읽으면서 수많은 질문을 던져보고 대답을 들어보고, 책이 나에게 던지는 질문에 대해서도 답을 해보자. 같은 질문은 하더라도 다양한 대답을 할 것이며, 들을 수 있을 것이다. 하지만, 그 중에 정답은 없다. 당신이 생각하는 것이 답이 될 것이다. 성공을 하고 싶다면, 실패를 두려워하지 말고 시작해야 한다. 그 길에 책이 함께 한다면, 책을 읽는 당신이라면 절대 실패를 두려워하지 않을 것이다. 다른 사람과 이미 생각하는 출발점이 다르기 때문이다.

05

함께 책 읽고 싶은
사람과 어울려라

빨리 가려면 혼자 가고 멀리 가려면 함께 가라.
- 아프리카 속담

내 주위의 5명이
나의 평균치이다

드롭박스의 창업자 드류 하우스턴은 2013년 MIT 대학교 졸업 축사에서 이렇게 말했다.

사람은 자신이 가장 많은 시간을 함께 보내는 다섯 명의 평균치라고 합니다. 제가 깨달은 것은 자기 주변을 자신에게 영감을 줄 수 있는 사람들로 채우는 것이 재능, 근면성만큼이나 중요한 것이었습니다. 무슨 일을 하건 세상에서 가장 뛰어난 사람들이 모이는 곳은 단 한 곳뿐이며, 여러분들은 그곳으로 가야합니다. 안주하지 마세요.

지금 나의 주변에 어떤 사람들과 가장 많이 어울리고 있는지 생각해보자. 직장생활을 하는 나는 주위에 치과에 다니는 치과위생사들만 있었다. 그러다 보니 항상 모이면, 치과 얘기가 끊이질 않는 편이었다. 그래서 반복된 일상과 우물 안 개구리가 되겠다 싶어서 한 것이 치과보험청구사에 대한 공부였다. 10년 넘게 치과위생사로 일을 하면서 외부에 가서 스스로 공부했던 적이 없었기에 정말 큰 용기를 내서 시작했다. 공부를 하다보니, 점점 치과보험청구에 대해 같이 공부하는 동료들을 만나게 되고, 보험청구가 나의 관심사로 떠오르게 되었다. 그러다 보니 자연스럽게 같은 지역에 있는 선생님들과 만나게 되고, 서로 정보들을 공유하게 되었다. 그렇게 무언가를 배워가는 과정에서 나는 한 치과에 있는 사람에서 다른 치과에 다니는 선생님들과 교류를 하는 사람으로 바뀌게 되었다. 공부도 하면 할수록 더 배우고 싶은 욕심이 생겨 치과보험청구사 3급을 시작으로 2급, 1급까지 취득하게 되었고, 더 나아가 치과보험청구사 보험강사로도 활동을 하게 된 것이다. 그러다 보니 자연스레 내 주위에는 치과보험청구사 보험강사를 하는 사람들이 모이게 된 것이다. 그래서 그런지 남들보다 좀 더 정확하고 빠른 치과보험에 대해서 정보를 얻게 되었다.

이왕 가야하는 길이라면, 남들보다 특별하게 갈 수 있는 길을 가기를 권해주고 싶다. 주위에 나와 함께 같은 길을 갈 수 있는 사람이 있다면 더 행복하게 보낼 수 있을 것이다.

지금 주위를 둘러보라. 과연 내 주위에는 어떤 사람들이 있는지. 그 사람들의 당신임을 잊지 말길 바란다.

함께하는 사람이 있다는 것은
천군마마를 얻는 것이다

'기쁨은 나누면 두 배가 되고, 슬픔은 나누면 절반으로 줄어든다'는 말이 있듯이, 기쁨은 많은 사람들과 함께 한다면 더욱 커진다는 의미이다. 나는 이 말을 책을 같이 읽는다면 2배의 효과가 난다라고 말하고 싶다. 나는 책에서 찾는 기쁨을 주위 사람들과 나누고 싶으며 그 중에서도 나와 같은 일을 하며 강사로도 활동하고, 대학원에 같이 다니고 있는 J양과 함께 하고 싶다. J는 항상 책을 가지고 다니면서 틈틈이 독서를 하고 있고, 읽고 나면 블로그에 독후감을 올리고 있다. 나와 J가 같은 방향을 바라보고 있다는 것이 나에게 힘이 되곤 한다. 항상 책을 읽고 있기 때문에, 어떤 책을 읽는지 궁금할 때가 많다. J가 읽는 책 중에서 내가 읽지 않은 책이라면, 한 번씩 보고 있는 책에 대해서 내용이 어떠한지 물어보는 편이다. 물어보고서 나도 같은 책을 읽고나면, 서로 어떤 부분에서 괜찮다고 생각하는지 얘기하는 시간이 참 좋다.

예전에는 혼자서 책을 읽고 메모하는 것에 그쳤던 나였지만, 어느새 내 주위에는 책을 읽고 얘기해주는 사람들이 많아지고 있다. 내가 읽지 않은 책에 대해서 누군가에게 이야기를 듣고 내용을 추측해보는 것도 좋아하는 편이다. 나는 책을 소개만 받는 것이 아니라. 누군가에게 선물을 하기도 한다. 그 사람의 생각도 궁금하기 때문이다.

최근에 많이 힘들어 했던 Y에게 하우석의 《내 인생 5년 후》라는 책을 선물했다.

"이 책 한 권 읽어봐. 난 이 책으로 인해서 나의 미래에 대해 한 번 곰곰이 생각해보게 되었는데, 지금 너에게 딱 필요한 책인 것 같아."

"고마워, 언니. 한번 읽어 볼게."

며칠 후, 그 Y에게 전화가 왔다.

"언니, 이 책 진짜 나에게 필요한 책이었어. 고마워."

"어떤 점에서 너에게 필요했던 것 같은데?"

"음, 내가 지금 너무 힘들어서 바로 앞만 봤던 것 같아. 근데, 이 책을 읽고 처음으로 나에 대해 고민해보는 시간을 가질 수 있었어. 앞으로 내가 나태해질 때 한번 더 볼 거야. 정말 좋은 책 선물 해주어서 고마워."

단지 Y에게 내가 읽고 좋았던 책을 한 권 선물했을 뿐인데, 나에게 너무 고맙다고 얘기해 줘서 내가 더 고마웠다. 책은 혼자 읽을 때보다 많은 사람과 같이 읽을 때 빛나는 법이다. 아프리카 속담에는 빨리 가려면 혼자 가고 멀리 가려면 함께 가라는 말이 있다. 책을 읽을 때만큼은 혼자서 읽는 것이 좋지만, 그 안에 있는 내용에 대해서는 여러 사람과 함께 나누어 보는 것은 어떨까? 독서는 누군가와 경쟁을 하기 위해서 하는 것이라 스스로와의 싸움이다. 경쟁보다는 서로에게 응원을 해주면서 같이 가자고 주위 사람들에게 독서를 권유해 보자. 서로 상대방에서 선한 영향력을 끼쳐 보는 것은 어떨까? 지금이라도 주위 사람들에게 한 권의 책을 선물하고 함께 책을 읽는 사람들과 어울려 보자. 당신 주위의 사람들을 보고 당신을 평가하게 된다.

06

일에 인생을 바치고 싶지 않다면 책 읽는 사람이 되라

좋은 책 한 권을 꾸준히 읽는데서 우리는 행복의 샘을 발견할 수 있다. 몇 페이지 훑어보고 내던진다면 독서의 행복을 맛보지 못한다. 이것은 단지 독서에 한 한 일이 아니고 매사가 다 그렇다. 자기 자신 속에 행복의 샘을 파는 일은 어느 정도의 참을성과 끈기가 필요하다. 이같은 노력은 자신의 마음을 아름답게 할 뿐 아니라 얼굴도 아름답게 한다. 이것이 곧 자신의 내부에 행복된 씨앗이 자랄 터전을 마련하는 것이다. 불평불만과 비관 등 감정의 산물을 버리면, 의지의 산물인 행복은 자신의 손에 달려 있다.
– 알랭

어떠한 일에
일생을 바칠 것인가

당신이 내일 죽을지도 모른다는 것을 알게 되었다면, 당신은 오늘 하루 무엇을 할 것인가라는 질문을 받는다고 해보자. 아마도 두 가지로 추측을 해볼 수 있을 것이다. 첫 번째는 어제와 같은 삶을 사는 것이고, 두 번째는 그동안 못해 본 일을 해볼 거 같다. 만약에 나라면 두 번째를 선택해서 하루만이라도 내가 해보고 싶었던 일을 해보겠다. 지금의 내 삶이 만족하지 않는다는 것이 아니

라. 다른 것에 대한 동경으로 다른 삶을 살아보고 싶다. 그 중에서도 의상 디자이너로써의 삶을 살아보고 싶다. 그동안 나는 부모님이 만들어준 삶대로 살았다고 해도 과언이 아니다. 중학교에서 고등학교로 올라 갈 때는 실업계를 가고 싶었지만, 인문계를 선택한 것도 내 선택이 아니었으며, 대학에 들어가 치과위생사라는 직업을 선택한 것 역시 내 선택은 아니었다. 부모님이 선택해준 대로 살아가야 되는 것으로 여겼고 대학 선택 시기의 사회적 분위기도 작용했다. 일단 취직이 잘 되고 오래 다닐 수 있는 직업군이 가장 인기가 많았던 탓이다. 그렇다고 지금에 와서 내 직업에 대해서 후회하는 것은 아니다. 지금까지 내 직업을 부끄럽게 여기기보다는 자랑스러워했고 행복했었다고 당당히 말할 수 있다. 이 직업에 미치고 일할 수 있었기에 지금까지 할 수가 있었다. 하지만, 항상 의상 디자이너가 되고 싶었던 마음이 한켠에 자리잡고 있다. 하지 못했던 일에 대한 아쉬움이 남아있는 것이다.

지금 내가 하고 있는 직업을 곰곰이 생각해 보면, 다른 사람들 역시 나와 마찬가지로 직업을 선택하지 않았을까 하는 생각을 해보게 된다. 내 주위의 다른 직업을 가진 분들을 보면, 경찰, 한전직원, 해운업회사, 공무원이라는 직업을 가졌지만, 지금의 내 직업을 택한 것이 나의 선택이기 보다는 타인 즉, 부모님의 영향이 컸다고 얘기한 적이 있다. 그렇다 보니 같이 대학교를 선택할 때 혹은 직업을 선택할 때의 아쉬움을 토로한 적이 있다. 지금도 갈등을 하고 있는 사람들이라면, 다시 한번 내가 하고자 했던 일에 대해서 생각해보는 것은 어떨까?

책을 통해서 꿈을 찾고, 인생을 찾다

의상 디자이너라는 꿈은 비록 포기를 했지만, 지금의 치과위생사로서의 삶을 좀 더 도약하고 싶었다. 그러다 보니, 강사라는 직업을 가지게 되었다. 강사라는 직업이 밖에서 봤을 때는 프리하고 여유로와 보였고 다른 사람을 가르친다는 것에 대한 동경으로 시작했지만, 생각보다 힘들었고 과연 내가 가야하는 길인가에 대해 되물은 적이 있다. 하지만, 성격상 시작한 일에 대해서는 내가 생각한 결승점까지는 가고 싶었기 때문에 치과에 처음 입문했던 때의 마음가짐으로 시작했다. 강의는 준비에서부터 끝까지 강사의 역량으로 진행이 되는 부분이고, 내가 할 수 있는 최고의 능력을 발휘해야 하는 것이라서 때때로 처음부터 막히거나 생각이 모자란 부분은 있다. 그럴때면, 의료에 관련된 책을 보거나 전공서적을 통해서 정확한 정보를 취득하는 과정을 반복하게 되었다. 그러다 보니 나만의 강의에 대한 색깔을 만들게 되었다. 교정강의를 할 때 치과 브랜딩이라는 주제가 잡혔는데, 막막하기만했다. 송경남 저자의 《병원을 브랜딩하라》라는 책을 보면서 전체적인 강의의 흐름을 잡고 추가적으로 필요한 것들을 참고해서 강의를 준비했다. 만약에 《병원을 브랜딩하라》라는 책이 없었다면 강의준비를 하는 데 막막했을 거라고 생각이 든다.

다른 사람들도 마찬가지이다. 책은 몇 백 년이 지나도 그 안에 있는 내용이 변하지는 않는다. 과거이건 현재이건 미래에도 책에서 이야기하는 부분들은 변하지 않을 것이다. 다만, 책의 내용을 이해하고 그것을 적용하는 것은 오롯이 나만의 몫이 될 것이다.

아이들이 보는 책으로 위인전이 있는데 모든 위인은 다 훌륭하고 멋진 사람들이라고만 생각할 수도 있으나 책을 보면, 그 안에는 그 사람이 왜 성공할 수밖에 없었는지에 대해 알 수 있다. 책에서는 다양한 직업에 대해서 나오는데, 그것을 보면서 직업에 대해서 선택할 수도 있을 것이다. 21세기의 천재라고 알려진 송유근은 책을 보는 것이 놀이라고 생각할 정도로 굉장히 책에 몰두를 했고, 수학·과학분야에서 두각을 나타냈다. 그 밑바탕에는 독서라는 것이 자리를 잡고 있는 것이다. 만약 송유근이 독서를 하지 않았다면, 지금이 없었을지도 모른다. 하지만 수학과 과학쪽에 책을 좋아했기에 그와 관련된 책을 자기 수준을 넘어서까지 보게 되면서 두각을 나타나게 된 것이다. 지금은 순수 과학을 연구하는 대학원생으로 남들보다 빠르게 본인이 하고 싶은 분야를 하고 있다. 송유근 군은 책이 있었기에 본인이 하고 싶은 분야를 다른 사람보다 빠르게 준비를 할 수 있었고 연구원이라는 직업까지도 가질 수 있었던 것이다.

남들이 다하는
독서는 하지 말자

남들이 하니까 하는 독서는 이제 더 이상 하지 말자. 남들에게 보여주는 책을 읽는 것이 아니라 나의 내면을 단단히 할 수 있는 책을 찾아야 한다. 같은 책이라고 해도 사람마다 보는 관점이 다르기 때문에 그 책에서 내가 얻을 수 있는 것들을 찾아서 내 것으로 만드는 독서를 해야 한다. 내 것으로 만드는 과정을 통해서 우리는 성장하게 된다. 성장을 할 때마다 책을 읽는 수준까지도 같이 올라가게 되는 것이다. 그러니 나에게 맞는 책을 찾고 독서를 시작해보자. 나는 책을 통해서 새로운 삶을 꿈꾸지만, 그렇다고 지금의 삶을 포기한다는 것은 아니다. 지금의 삶을 유지하면서 앞으로 시너지 효과를 낼 독서를 시작한 것 뿐이다. 하지만 그 독서가 지금의 나를 지탱하는 힘이 되었다.

지금 내 주위에는 공부를 하는 사람들이 많은 편이며, 공부에 대한 욕구가 굉장히 강한 사람들이다. 그 사람들을 보면, 나도 더 열심히 해야겠다는 생각이 든다. 내 주위의 사람들이 나의 위치를 말해주는 것이나 다름이 없다. 이것과 비슷하게 독서도 마찬가지이다. 그 사람이 읽는 책을 보면 그 사람의 수준을 알 수 있다고 한다. 그러니 당신의 수준을 나타낼 책을 신중히 고르고 독서를 하자. 단 한 권이 나를 바꾸는 것이다.

일에 인생을 바치고 싶지 않다면 책 읽는 사람이 되자. 만약 지금까지 살면서 책이 내 옆에 있지 않았다면, 참 삭막하고 막막한 삶을 살았을지도 모른다. 너무 힘들거나 지칠 때는 힐링과 명상에 관련된 책을 보고, 부정적인 일들이 내 곁에 다가올 때는 긍정에 관련된 책을 보았다. 지금의 나의 미래에 대한 두려움을 가지고 있다면, 꿈에 관련된 책을 보면서 꿈에 대해서 진지하게 생각을 해보는 것이다. 사회적으로 성공한 사업가들도 모든 경영의 원천이 책에서 나온다고 말했다. 항상 내 옆을 지켜주는 책을 통해서 나의 미래를 설계해 나가는 것이다. 당신의 일생을 바치고 싶은 일을 찾기 위해 책을 읽어보자.

07
더 많이 읽은 사람이
더 크게 성공한다

책이 그대의 친구가 되게 하여라. 책을 동반자로 삼아라. 책장을 그대의 낙원으로 삼고 과수원이 되게 하여라. 그 낙원에서 즐기라. 그리하면 그대의 희망은 늘 신선하며 혼에는 기쁨이 타오를 것이다.　　　- 이븐 티븐

당신은 지금까지
몇 권의 책을 읽었는가

　한 달에 몇 권의 책을 읽었습니까? 라는 질문에 당신은 어떻게 대답할 것인가. 한 달에 한 권도 읽지 않는 사람이 태반인 한국에서 1권 이상을 읽었다는 것만으로도 당신은 이미 성공자의 길에 들어선 것이다. 매년 신년계획에 책 읽기에 대해서 적기는 하지만, 시간을 핑계로 실천하지 못하는 건 아닌지 생각해 보자. 내가 매년 신년계획 중에 빠트리지 않고 넣는 것은 독서계획이다. 최소

한 달에 한 권씩 읽기라는 목표를 세우고 1권 이상을 읽고 있다. 자기경영의 일환으로 독서를 실천하는 사람들이 점점 늘어나고 있는데, 독서를 함에 있어서 내가 왜 읽는지에 대해 목적을 가지고 책을 읽어야 할 것이다.

한 회사의 사장으로 독서경영을 실천하고 있는 신선설농탕의 오청 사장의 이야기를 소개하고 싶다.

2008년 1월, 전 직원이 함께 좋은 책을 읽는 독서경영을 시작했다. 그는 매달 30권의 책을 구입해 10권 정도 정독하고 1권을 골라 직원들에게 독후감을 쓰게 하고 그것을 프린트해서 책 속에 풀로 붙였다. 책을 받은 직원들은 읽은 후에 의무적으로 독후감을 제출하는데 그걸 일일이 읽었다. 현재까지 직원들에게 선물한 책은 총 45종이며, 1만 권이 훌쩍 넘는다. 지난 8월에는 '책을 6억 원 어치 산 사장'이라는 제목으로 일간지에 보도되었다. 독서경영은 이제 단순한 교육 이상의 보람이자 즐거움이다.

한 달에 10권을 읽는다면 3일에 한 권은 읽어야 한다는 계산이 나오며, 일 년이면 120권이 넘는 책을 읽는다. 이렇게 많은 책을 단순히 읽기만 했다면, 책의 의미가 퇴색되었을 것이다. 하지만, 주부사원들의 교육을 위해 직원들의 이름을 적어서 선물한다는 것은 선물받는 사람과 하는 사람 모두에게 큰 의미를 주는 것이다. 이렇게 독서경영을 통해서 직원들에게 세심하게 신경을 쓴 오청 사장은 책을 통해 얻는 감동과 사례를 통해 고객에게 더 나은 서비스를 위해 최선을 다하는 직원의 모습을 보면서 함께 책을 읽기를 잘했다는 생각이 든다고 한다.

한 사람의 행동이 많은 사람들에게 좋은 독서의 가치를 알려준 것이다. 좋은 것은 두루두루 널리 알려 같이 하면서 그 기쁨을 알아가는 것이야 말로 진정한 성공자의 모습이지 않을까?

한 권의 책이
사람을 바꾼다

얼마 전 내가 이끌고 있는 치과위생사의 모임인 열혈치과위생사의 모임이 있던 날이었다. 나도 2달 만에 참여를 했었는데, K치위생사의 한 손에 책이 들려있는 것을 봤다. 모임을 하는 내내 그 책이 무엇일지 너무 궁금했는데, 그 책은 버킷리스트 시리즈 중에 3번째 책이었다. 이 책은 자신의 버킷리스트에 대해서 평범한 사람들이 하는 이야기이다. K치위생사가 이 책을 선택한 이유는 치위생사로서 한 회사의 대표이자 작가로 활동 중인 이선영 작가가 참여하고 있었기 때문이다. 같은 치과위생사로서 특별한 사람만이 쓴다고 생각하는 책을 썼기 때문에 개인적으로 호기심이 나서 책을 구매해서 읽었다고 한다. 나 또한 같은 치과위생사로서 후배지만 정말 열정적으로 치열하게 살아온 이선영 작가에 대해 책을 읽는 내내 감탄을 금치 못했었다. 작가와 개인적인 인연으로 얘기를 한 적이 있었는데, 작가가 되면 다른 사람보다 더 치열하게 책을 봐야했다고 말했다. 그렇게 하고 나니 독자와 저자의 관점이 다른 독서를 하게 되었다고 한다. 그녀는《버킷리스트 3》,《20대, 발칙한 라이프! 쫄지 말고 당당하게》,《1인 창업이 답이다》를 통해 베스트셀러 작가로 올랐다. 시작은 치과위생사였지만, 지금은 당당히 한 회사를 이끌어 가는 오너로서 멋진 인생을 살고 있는 이선영 작가는 치과위생사들에게 색다른 인생에 대해 알려주었던 것이다.

한 권의 책은 다른 사람에게 많은 영향을 끼치게 된다. 한 권의 책이 누군가에게는 독자에서 작가로 바뀌게 하였고, 누군가의 롤모델이 되기도 했다. 나도 이선영 작가를 통해서 많은 자극을 받고, 단순히 독자에만 머물 것이 아니라 책을 통해 치과위생사 후배들에게 독서의 중요성에 대해 알려주고 싶어서 저자로 변신을 시도한 것이다. 단 한 권의 책이 나를 이렇게까지 바꾸어 놓았다.

더 많이 읽은 사람이
더 크게 성공한다

　누구나 인생에서 실패자이기 보다는 성공자로 남기를 바란다. 그러기 위해서는 돈을 많이 버는 것만이 성공자의 길에 들어서는 것은 아니다. 나의 이름이 어딘가에 남겨진다면 그것 또한 엄청난 일임을 기억해야 한다. 우리가 알고 있는 성공자들은 다 자신만의 책이 있다. 책이 있기에 더 많은 사람들이 그를 기억하게 된다.

　지금은 서울 도곡동에서 모르는 사람이 없다는 김영모 과자점을 운영하고 있는 김영모 사장은 20대 중반 카네기의 《행복론》을 만나게 되면서 인생의 전환점을 맞이했고, 《행복론》을 멘토로 삼아 빵을 평생의 업으로 여기며 살게 되었다고 한다. 제과제빵에 대한 책을 읽고, 관련 책을 집필하면서 2009년 말레이시아 쿠알라룸푸에서 열린 '구어만드(goumand) 상' 시상식에서 디저트 부분 대상을 받았다. 구어만드 상이란 전 세계에서 1년동안 출간된 요리 및 와인 책 중에서 가장 뛰어난 책을 선별해 시상하는 상으로 '요리책 분야의 오스카 상'으로도 불린다.

　이렇게 대단한 삶을 살게 된 김영모 사장의 독서습관 중에는 첫째, 독서를 하며 20년 후의 나의 모습을 그린다는 것이다. 책을 읽으며 단순히 좋은 구절이라고만 생각하는 것이 아니라, 그 가르침을 자신의 삶에서 꾸준히 실천하면 몇 년 후의 나의 모습은 어떻게 바뀔 것인지 구체적으로 생각해본다고 한다.

둘째, 업무와 관련된 책을 정기적으로 읽는다. 제과 및 제빵에 대한 책을 한 달에 몇 권씩은 정기적으로 보는데, 국내에 국한된 것이 아니라 해외에 있는 신간들을 바로 업데이트 한다고 한다. 늘 새로운 정보를 얻기 위해서 노력하는 것이다. 이렇게 끊임없이 노력을 하는데 성공하지 않을 수 있겠는가?

어떤 분야에서든 성공하기 위해서는 끊임없는 독서가 필요한 것이다. 눈으로 보는 독서가 아닌 머리로 생각하는 독서를 시작해야만 하는 것이다. 다양한 책을 읽으면서 그 안에 있는 내용을 내 것으로 만드는 시간이 필요하다. 그 과정을 통해 우리는 한 단계 올라 설 수 있을 것이다. 누구나 위로 올라가고 싶어하지 내려 오고 싶지는 않을 것이다. 무엇이든지 한 분야의 최고가 되기 위해서는 치열하게 노력해야 하는 것이다. 책은 당신의 성공의 목표와 방향을 알려줄 것이다. 한 권의 책에서 목표와 방향을 알기는 힘들다. 다양한 책들을 읽고, 내 것으로 만들어 보자. 책을 읽는다는 것은 당신 인생에 나침판이 되어줄 것이다.

당신이 하는 독서라는 작은 실천이 나중에 더 큰 선물로 돌아올 날을 기다려라. 시간은 나를 기다려 주지 않는다. 지금 당장 실천해야만 한다. 모든 변화는 단 한 권으로부터 시작한다. 신선설농탕의 오청 사장도 단 한 권의 책으로 독서경영을 시작하였고, 김영모 과자점의 김영모 사장도 단 한 권이 인생을 바뀌게 하였다. 평범할 수도 있는 치과위생사였던 이선영 작가도 단 한 권의 책으로부터 작가이자, 한 회사의 오너가 되었다. 이 모든 것은 단 한 권의 책으로부터 출발한다. 나 또한 한 권의 책이 지금 이 책을 쓰고 있는 순간까지 이끌어 온 것이다. 다른 사람보다 한 권의 책을 더 읽어보자. 남들보다 뛰어나고 싶다면 더 많이 읽고 내 것으로 만들면 그것이 당신을 더 크게 성공할 수 있게 하는 길잡이가 되어 줄 것이다.

08
독서를 미루면 인생마저 미루게 된다

책 읽기에는 반드시 왜 읽어야 하는지, 왜 이 책이 나에게 중요하며 필요한지, 책 읽기 자체가 즐거워서인지 아니면 특정 목적을 위해서인지 스스로 그 답을 아는 것이 중요하다.
— 스티브 레빈 《전략적 책 읽기》

한 도서관 한 책 읽기

아기가 태어나고 시간이 지나면 첫걸음을 떼는 순간이 오게 된다. 나 역시 아이가 첫걸음을 떼는 순간을 봤을 때의 감동은 지금도 잊지 못한다. 그 첫걸음에서 이제는 걷고, 달리기까지 하는 아이를 보면 가끔 첫 걸음을 떼던 순간이 떠오른다. 그때처럼 내가 첫걸음을 걸었을 때 우리 부모님의 느낌이 어땠을까 하는 생각을 해보곤 한다. 누구나 첫걸음이 있어서 지금처럼 걸어다닐 수 있게 되었다. 그것처럼 독서도 책 한 권으로 시작을 하는 것이다. 딱 한 권을 읽는다는 것은 쉽지만은 않은 일이다.

이와 관련해서 한 도서관 한 책 읽기 캠페인이 있는데, 서울특별시 구로구에서 매년 서울문화재단 주관으로 실시하는 독서 문화 캠페인이다. '한 도서관 한 책 읽기'는 1998년 미국 시애틀의 '한 도시 한 책 읽기'라는 독서 운동에서 시작되어 2004년부터 시작한 서울만의 특별한 '한 책 읽기' 운동이다. 서울의 공공 도서관이 지역 주민들이 가장 가까이 이용할 수 있는 생활 밀착형 지역 문화의 거점이 되는 것이다. 지역민이 함께 1권의 책을 정하여 읽고 토론하는 과정을 통해 지역 사회 통합을 도모하는 것이 목적이기도 하다. 전국에는 300여 곳이 넘는 도서관이 있다. 이곳에서 매일 한 권씩만 빌려서 읽는다고 하면, 300권이 넘는 책을 읽을 수가 있다는 이야기가 된다. 내가 사는 부천에서는 약 20여 곳이 있는데, 만약 매일 한 권씩만 빌려서 읽는다면, 20일이면 20권의 책을 읽을 수 있다. 1년이면 246권이라는 책을 읽을 수가 있다. 나도 강의를 준비할 때 지금 구할 수 없는 책들도 있기 때문에 고속터미널 근처에 있는 국립도서관에 가서 온종일 책을 빌려보면서 보낸 적이 있다. 전공서적 같은 경우에는 도서관에서 가서 보지만, 소설이나 개인적으로 소유하고자 하는 책들은 우리집 작은 도서관에 있다. 나는 빌려보기보다는 소유하고자 하는 독서를 하기 때문에 매일 책을 사는 사람이 되어있는 것 같다. 아직도 집에 50권의 책이 나를 기다리고 있기에 열심히 더 읽어야겠다는 다짐을 해본다.

목적이 가지는
독서는 더 특별하다

어떤 일이든 성공하기 위해서는 방향이 중요하다고들 한다. 방향이라는 것은 목적을 의미할 수 있을 것이다. 책을 읽기 위해서는 목적을 가져야 한다고 했다. 목적이란 실현하려고 하는 일이나 나아가는 방향이다. 직장생활을 하다보면 업무적으로 필요한 공부들이 생기게 된다. 치과위생사로서 일을 하고 있는 나로서는 기본적으로 치과에 관련된 전공서적을 공부하게 된다. 지금은 연차가 높아지고 담당하는 업무가 보험청구쪽이다 보니 그와 관련된 공부를 주로 하고 있는 편이다. 나의 직업과 관련된 책이지만 그 이외에도 마케팅이나 서비스에 관련된 책을 보면서 공부하는 중이다. 매일 일과 관련된 책만 보면 숨이 막힌다고 생각할지도 모른다. 그럴 땐 잠시 여행을 간다는 생각을 하면서 자기계발서나 긍정에 관련된 책, 독서, 성공학 등등 다양한 책을 읽는 편이다. 아직 책에 내공을 더 키우고 싶기 때문에 한 군데를 파기보다는 여러 분야를 두루두루 보는 방법을 취하고 있다. 하지만 여기서도 나의 목적은 나를 발전시킬 수 있는 책을 보는 것이다. 책에서 하나라도 배워서 나에게 가져와서 적용해보기! 비록 매일매일 실천을 할 수 없을지라도 계속 도전하기! 도전하는 순간 나는 습관을 만들기 위해 노력하는 힘이 생기게 된다.

책을 읽을 때는 항상 왜 이 책을 읽어야 하는지 이유를 만들자. 그것이 비록 과제를 위해 책을 읽더라도 말이다. 과제 해결이란 목적은 그나마 쉬운 편이다. 나의 삶의 방향을 찾기 위한 독서는 생각보다 쉽지 않기 때문에 그냥 책을 읽는다면 책에서 얻어가는 것이 없을 것이다. 당연히 목적을 가지고 책을 읽어야 한다.

일을 하다보면 직업과 관련된 책을 주로 보게 되는데, 그러다보면 생각하는 틀이 작아지게 마련이다. 나와는 관련이 없다고 생각이 드는 책도 한 번씩 보면서 사고의 틀을 깨야지 다른 것이 보이게 된다. 나 또한 경영쪽하고는 상관이 없을 것이라는 생각으로 살아왔는데, 우연히 교수님께서 책 한 권을 추천해주셨다. 현대 경영학의 아버지라 불리우는 피터 드러커(Peter Ferdinand Drucker)에 관련된 이재규 작가의 《피터 드러커의 인생경영》이라는 책이었다. 피터 드러커를 빼놓고 현대 경영에 대해서 이야기 할 수 없으니 그가 직접 쓴 책을 읽어보는 것이 좋을 거 같다는 이야기를 들었다. 처음에 이 책을 읽을 때는 경영책을 그냥 읽으면 되는거지 왜 내가 그 사람의 인생에 대해서 읽어야 할까 생각했었다. 하지만 이 책을 읽고 나니 피터 드러커에 대해서 이해를 하고 그 사람이 쓴 책을 읽는 것이 장기적으로 나에게 도움이 될 것이라는 판단이 들었다.

《피터 드러커의 인생경영》을 보자.

"당신들이 하는 사업이 무엇인지 말해주세요."
이사들은 각각 자신들이 하는 사업을 중심으로 대답을 했다.
"주택 청소입니다."
"벌레 박멸이지요."
"잔디 관리요."
드러커는 날카롭게 잘라 말했다.
"당신들은 모두 틀렸소. 여러분들은 자신의 회사가 하는 사업이 무엇인지 이해하지 못하고 있소. 여러분의 회사가 하는 사업은 미숙련된 사람들을 훈련시키고, 그들로 하여금 기능을 발휘하도록 하는 것이오."

드러커는 옳았다. 서비스마스터는 일반적으로 보통 사람들이 스스로 하기 싫어하는 서비스를 제공하는 것이다. 그런 것들은 대부분 천한 일이어서 서비스마스터는 오늘날 사회에서는 달리 유용한 일거리를 찾을 수 없는 무학력자나 개발도상국에서 이민 온 사람들을 채용하고 훈련시키고 동기를 부여해야만 했다.

이 부분을 보면서 나는 서비스마스터가 무엇인지 알게 되었고, 이 이야기는 지금 현재 우리나라에서도 적용이 될 수 있는 부분이라는 생각을 하게 되었다. 다시 한번 생각의 전환을 해주는 계기가 되었다. 다른 사람에게는 지나갈 수도 있는 이야기가 나에게는 의미가 될 수 있는 대목이 되었다. 세상의 직업에는 귀천이 없다. 다만 그것을 어떻게 보고 활용하는 것은 내가 결정하는 것이라는 생각을 하게 되었다. 그때부터 피터 드러커가 쓴 책을 보기 시작했는데, 정말 왜 현대 경영학의 아버지라고 불리우는지 알 것 같았다.

정말 나와는 관련이 없는 분야지만, 모르는 것보다는 조금이라도 아는 것이 좋겠다는 생각으로 본 것이 전공서적을 본 것처럼 굉장한 목적을 만들어준 것이라고 볼 수 있다.

시간이 지나면 다시는 그 시간이 돌아오지 않는 것처럼 어떤 일이든 하라는 말이 있다. 오늘의 일을 내일로 미루지 말라는 이야기가 있듯이 오늘의 독서를 미루지 말자. 그렇게 미루는 습관이 생겨버리면, 우리의 인생도 미루게 된다. 내가 의미없이 보내는 시간을 금 시간으로 만들어 줄 독서를 시작해보자. 나처럼 1일 1독으로 나를 경영해보자. 피터 드러커의 명언으로 이 장을 마무리

하고 싶다.

"경영이란 인간에 관한 것이다. 경영의 과제는 사람들이 협력하여 일할 수 있도록 만들고, 사람들이 자신의 장점은 살리고, 단점은 방해되지 않도록 만드는 것이다."

● 내가 다음에 읽을 책

당신을
변화시키는

1일 1독